KARL GARTNER

DR. GARTNERS HEILMITTEL FÜR DIE SEELE

Wege aus der Lebensangst

Ueberreuter

Dieses Buch erhebt keinen Anspruch auf wissenschaftliche
Genauigkeit oder Vollständigkeit.
Es soll als Führer durch die Seele dienen!

Die Deutsche Bibliothek – CIP-Einheitsaufnahme

Gartner, Karl:
Dr. Gartners Heilmittel für die Seele: Wege aus der Lebensangst /
Karl Gartner. – Wien : Ueberreuter, 1996
  ISBN 3-8000-3632-0
NE: Gartner, Karl: Doktor Gartners Heilmittel für die Seele

AU 0362/1
Alle Urheberrechte, insbesondere das Recht der Vervielfältigung,
Verbreitung und öffentlichen Wiedergabe in jeder Form,
einschließlich einer Verwertung in elektronischen Medien,
der reprografischen Vervielfältigung, einer digitalen Verbreitung
und der Aufnahme in Datenbanken, ausdrücklich vorbehalten.
Umschlagfoto: ZEFA Bildagentur
Copyright © 1996 by Verlag Carl Ueberreuter, Wien
Druck: Ueberreuter Print
7 6 5 4 3 2 1

Ich widme dieses Buch allen jenen Menschen,
die – mit mir gemeinsam – gegen die Angst
kämpfen wollen!

Inhalt

Vorwort 9
Anstelle einer Einleitung 11

Teil I – KÖRPERLICHES LEIDEN

WELCHER »ANGSTTYP« BIST DU? 17
   Die vegetativen Reaktionsweisen 18
DIE GRUNDFORMEN DER ANGST 23
DIE MAGISCHEN KRÄFTE DER ANGST 32
   Vom richtigen Umgang mit der Angst 34
   Die abwärtsführenden Stufen der Angst 39
DIE KÖRPERLICHEN PHÄNOMENE DER ANGST 49
   Normale Körperfunktionen 50
   Die »vegetative Dystonie« 51
   Die »Panikattacke« 56
   Das »chronische Angstsyndrom« 59
   Koma – Tod 60
DIE LÖSUNG AUS DER ANGST 61
DAS KÖRPERLICHE UNIVERSALPROGRAMM
   GEGEN DIE ANGST 66
   Die Körperübungen 66
   Die Muskelentspannung 68
   Die Anti-Angst-Atmung 70

TEIL II – SEELISCHES WACHSTUM

DIE SUCHT IST IN DIR 75
   Die »Seelentröster« 78
   Die legalisierten Suchtmittel 82
   Die nichtlegalisierten Suchtmittel 98
DAS PHÄNOMEN SCHMERZ 100
   Die Schmerzpersönlichkeit 102

Inhalt

Die »Unfallpersönlichkeit« 105
Die »Operationspersönlichkeit« 107
KAMPF DER MÜDIGKEIT – KAMPF DER
DEPRESSION 109
Müdigkeit – Leiden der Menschheit 109
Depression – Krankheit unserer Zeit 115
JEDE SCHLAFLOSIGKEIT HAT IHRE URSACHEN . 119
Durchschlafstörungen 120
Einschlafstörungen 123
KINDHEITSÄNGSTE SIND ZUKUNFTSÄNGSTE .. 130
Ängste im Mutterleib 130
Ängste des Säuglings 131
Ängste des Kleinkindes 132
Ängste des Kindes 135
DIE SCHRECKLICHE ANGST VOR KREBS 141
Gibt es eine »Krebspersönlichkeit«? 143
Mentale und seelische Strategien gegen den
Krebs 146
DIE ANGST VOR DEM TOD 151
Die Kunst des Sterbens 151
DIE MENTALE ANGSTBEWÄLTIGUNG 154
DIE SEELISCHE ANGSTBEWÄLTIGUNG 157
Placebo – Nocebo 160
IMAGINATION – DIE KRAFT DER VORSTELLUNG 163
Positive Autosuggestion 164
»Das Leben, als ob« – eine ungeahnte Quelle
der Kraft 167

TEIL III – GEISTIGE ERLÖSUNG

MEDITATION – BALSAM FÜR DIE SEELE 171
Die Wortübung 173
Mantra – Hilfe durch den Sinn 175
Das Licht in Dir 178
WORTE DES TROSTES 183
DIE 10 GEBOTE FÜR DEN HEUTIGEN TAG 190

Vorwort

Dieses Buch soll Dir Trost bringen.
Dies ist ein Buch gegen die Angst.
Die Angst ist der Erzfeind in unserem Leben.
Die Angst ist die Erbsünde.
Sie ist die Grundursache dafür, daß wir auf Erden unser Dasein fristen müssen.
Sie kann uns das Leben zur Hölle machen, und sie verwehrt uns den »Himmel auf Erden«.
Wir müssen diese unerbittliche Tatsache vor uns anerkennen – denn nur was wir erkennen, können wir auch wirkungsvoll bekämpfen.
Zur welcher Kategorie von Menschen zählst Du Dich?
Bist Du ein »Angstmacher«, oder bist Du ein »Angstnehmer«?
Wahrhaftig! Es lohnt sich, allein dafür zu leben, anderen Menschen die Angst zu nehmen.
Dazu ist jedes Mittel recht!
Dieses Buch soll Dir dabei helfen ...

Die Angst hat zwei Feinde – die Logik und die Liebe!

Anstelle einer Einleitung

Die Geschichte von Martha und Hans

Martha ist 38 Jahre alt und wiegt annähernd 30 Kilogramm mehr als ihr etwas kümmerlicher Gatte. Martha leidet unter anderem an einem chronischen Kopfschmerz. Hans sorgt sich Tag und Nacht um seine Martha. Eines Tages überredet er sie dazu, wieder einmal Dr. Schmidt, den Kopfschmerz-Spezialisten, aufzusuchen und nachsehen zu lassen, ob es nicht doch irgendeine neue Möglichkeit zur Behandlung dieses langjährigen quälenden Kopfwehs gäbe.

Ein trautes Paar...

Am Tag des Besuchs bei Dr. Schmidt erklärt sie ihrem Hans: »Ich habe heute einfach keine Lust, in dem stickigen Wartezimmer herumzusitzen.« Sie vereinbaren, daß sie im Auto bleiben solle, während er das Nötige besprechen werde. So geschieht es auch. Als sie an die Reihe kommt, hilft ihr Hans aus dem Wagen und schleppt sie in die Praxis. Es ist zwar ungewöhnlich, daß ein Mensch mit Kopfschmerzen nicht fähig sein sollte, die wenigen Schritte vom Auto, allein und ohne Hilfe, in eine naheliegende Arztpraxis zu gehen, aber in diesem Fall ist es so. Mit der Hilfe ihres Mannes und unter größten Anstrengungen schafft sie es tatsächlich bis in das Behandlungszimmer.

Dort zieht sie als erstes, und ohne noch ein Wort gesagt zu haben, ein Bündel von Röntgenaufnahmen, Befundberichten und Laboruntersuchungen aus einem mitgebrachten Plastiksack und legt alles Dr. Schmid ohne Aufforderung auf den Schreibtisch.

»Ich habe bereits meinen Kopf röntgen lassen, um sicher zu sein, keinen Tumor zu haben«, informiert sie Dr. Schmid mit leidender Stimme. Ihr Gatte Hans nickt

... vereint im Schmerz

Anstelle einer Einleitung

dazu heftig mit dem Kopf. Er ergänzt sogleich die Ausführungen seiner leidenden Frau mit detaillierten Aussagen von anderen Kopfschmerz-Spezialisten, Verwandten, Freunden, Nachbarn und allerlei anderen wohlmeinenden Mitmenschen. Das Ganze garniert er mit seinen persönlichen Deutungen des Krankheitsgeschehens und mit weiteren Details, die Martha seiner Ansicht nach nicht genügend deutlich geschildert hatte.

Dr. Schmid bittet ihn darauf, im Vorzimmer zu warten, um Martha allein noch einige Fragen stellen zu können. Sie berichtet, daß sie bereits als Kind unter häufigen Kopfschmerzen gelitten habe. Jede geistige Anstrengung, etwa in der Schule, hätten ihre Schmerzen hervorgerufen und oft bis zur Unerträglichkeit verstärkt. Das hatte allmählich dazu geführt, daß sie, nachdem sie mit Mühe den Grundabschluß erreicht hatte, die Schule verlassen mußte, »weil sie so häufig krank war«.

Auch ihre Mutter leidet, wie Martha weiter berichtet, immer wieder unter Kopfschmerzen. Die Ärzte, wie auch ihr Vater, waren immer ratlos gewesen. Ihr Vater, der früh verstorben war, hatte zu ihr immer das gleiche gesagt: »Das bildet sie sich nur ein.« Martha hat diesen Standpunkt immer als sehr ungerecht empfunden und ihn zeitweilig auch auf sich selbst bezogen.

Marthas Männer Marthas erster Mann nahm auf ihre Zustände »so gut wie keine Rücksicht.« Er hatte außerdem »immer nur Sex im Kopf«, erzählt Martha immer wieder, wenn die Sprache auf ihr Leiden kommt. Diese Ehe wurde auch nach kurzer Zeit wieder geschieden. Bald danach lernte sie Hans kennen. Dieser zeigte von Anfang an großes Mitgefühl für sie und hatte volles Verständnis für ihre Zustände. Er beschäftigt sich mit ihren Beschwerden und versteht auch bzw. versucht immer wieder zu verstehen, warum sich ihre Zustände von einem zum anderen Augenblick völlig verändern können. Außerdem stellt er keinerlei Forderungen an sie, weder sexueller noch anderer Art.

Die Geschichte von Martha und Hans

Hans besitzt eine kleine Autowerkstatt, für die er angestrengt arbeitet. Trotzdem kommt er jeden Mittag heim, um für Martha ein Essen zu kochen und sich nach ihrem Befinden zu erkundigen. Die Abende verbringen sie zusammen vor dem Fernsehapparat. Fast jedes Wochenende besuchen sie Martha Mutter, die sie jeweils ihrerseits über ihren augenblicklichen Zustand informiert. Wie es Martha geht, interessiert sie zumeist wenig. Andere Freunde oder Bekannte haben Martha und Hans recht wenige, »weil die Leute für Kranke ohnehin kein Verständnis haben«.

Dr. Schmidt meint zu diesem Fall:

»Eine Heilung würde für Martha einen schweren Schlag bedeuten. Sie hat schon lange aufgehört, sich für eine normale gesunde Person zu halten. Ihre Kopfschmerzen sind mehr als ein Symptom – sie sind ein Lebensstil. Sie dienen ihr als willkommene Ausrede, um jeder für sie unerfreulichen Situation aus dem Weg gehen zu können. Was sie nicht will oder nicht kann, hat seine Ursache nie in ihrem eigenen Unvermögen, sondern immer in ihrem Kopfweh. Ihr Beschwerden sind die Grundlage für alle persönlichen Unzulänglichkeiten und das zentrale Thema jeder Unterhaltung. Ohne Kopfschmerzen gäbe es auch keine Martha. Würde sie sich wohl fühlen, müßte sie sich den täglichen und nächtlichen Pflichten stellen, ohne dafür besondere Anerkennung fordern zu können. Aufmerksamkeit und Mitgefühl, die sie aufgrund ihrer Kopfschmerzen genießt, würden dann verlorengehen.«

Krankheit als Lebensstil

Und nun zu Hans! Es sieht nur oberflächlich betrachtet so aus, als ob ihm durch Marthas Zustände Nachteile entstünden. Denn in Wirklichkeit bekommt er vom Leben alles, was er haben will und was auch Martha bekommt – und das alles ohne Kopfschmerzen. So stimmen alle seine Freunde und Bekannte darin überein, daß er sich großartig verhält und er gilt allgemein als »feiner Kerl«. Alle bewundern ihn, »wie er das alles

Als »Kümmerer« durchs Leben

Anstelle einer Einleitung

aushält«. – Außerdem verhelfen ihm Marthas Zustände zu der ungestörten und zurückgezogenen Lebensweise, die er sich schon immer gewünscht hat. Als Junggeselle haben seine Freunde immer versucht, ihn zu verheiraten und ihn immer wieder, gegen seinen Willen, zu allen möglichen Einladungen und gesellschaftlichen Ereignissen geschleppt. Seine Ehe mit Martha hat auch diese Probleme gelöst. Denn auf Grund ihrer Beschwerden kann auch er kaum jemals einer Einladung Folge leisten. Hans hat sich den Frauen gegenüber immer nur dann richtig wohl gefühlt, wenn er etwas für sie tun konnte. Er war immer ein »Kümmerer«. Und Martha gab und gibt ihm auch dafür überreichlich Gelegenheit. Sein Verhältnis zu Sex war immer schon sehr dürftig und reserviert. Sex war ihm ein Leben lang nicht ganz geheuer gewesen. Martha schätzt ihn gerade deshalb besonders, weil er keinerlei Verlangen in diese Richtung entwickelt und auch in dieser Hinsicht keinerlei Forderungen an sie stellt. Er ist klug genug, seine Zufriedenheit über dieses interne Arrangement nicht nach außen dringen zu lassen.

Marthas Heilung wäre Hans' Ende

Marthas Probleme tragen schließlich auch dazu bei, daß er alle Gedanken über sich und seine Zukunft verdrängen kann. Er führt ein Leben voll des guten Gewissens und der Zuversicht, daß sich nichts Wesentliches daran ändern werde. Würde Martha wie durch ein Wunder plötzlich geheilt werden und sich zu einer dynamischen, unabhängigen, gesellschaftlich und sexuell aktiven Frau entwickeln, so würden sich möglicherweise bei ihm recht bald chronische Kopfschmerzen einstellen ...

TEIL I
KÖRPERLICHES LEIDEN

Welcher »Angsttyp« bist Du?

Wir alle tragen bestimmte Reaktionsweisen in uns, die als Schutzmechanismen gegen die zahllosen Einwirkungen der Außenwelt auf unser inneres Dasein fungieren. Wenn diese Reaktionsweisen nicht immer wieder an die sich ständig verändernden Umweltbedingungen angepaßt werden, kann sich eine »psychosomatische Krankheit« entwickeln.

Wo liegen die Hintergründe für das Entstehen einer derartigen Krankheit? Man kann sie in neun Faktoren zusammenfassen:

1. Die Erbanlagen: Alles, was seit Generationen in uns schlummert, wird immer wieder von unseren Genen übernommen, neu »formuliert« und weitergegeben. Das gilt auch für Temperament und Charakter. **Erbanlagen**

2. Die sogenannten »Geburtstraumen«: Dazu zählen im weitesten Sinn auch die Schwangerschaft und der Vorgang der Geburt. Es steht heute mit Sicherheit fest, daß das Kind bereits im Mutterleib frühzeitig Kontakte zur Außenwelt hat und von diesen Kontakten deutlich geprägt wird. Eine harmonische Schwangerschaft wird also bereits günstige Voraussetzungen für die Entwicklung eines harmonischen Charakters des Kindes haben. Das gleiche gilt auch für den Geburtsvorgang selbst, die Reaktion der Mutter bzw. der Eltern auf die Ankunft des neuen Erdenbürgers usw. **»Geburtstraumen«**

3. Die Art der Säuglingspflege und Erziehung des Kleinkindes: Hier scheint die Tatsache, ob ein Kind gestillt wird oder nicht, die größte Bedeutung zu haben. Kinder, die nicht gestillt werden, sind zumeist anfälliger auf organische Krankheiten, Allergien, Immunschwäche-Syndromen u. dgl. Und sie sind auch seelisch weniger stabil. **Säuglingspflege**

Frühe Krankheiten	4. Organische Krankheiten im frühen Kindesalter: Sie bringen oft lebenslange Organschwächen mit sich. Zum Beispiel kann eine Lungenentzündung in den ersten Lebensjahren die Bereitschaft für ein späteres Asthmaleiden drastisch erhöhen.
Frühe Unfälle	5. Unfälle, Operationen und andere traumatische Erlebnisse im frühen Kindesalter: Sie können etwa das »Angstpotential« oder die Angstbereitschaft im späteren Alter deutlich erhöhen.
Frühe Schocks	6. Seelische Schockerlebnisse im früheren Kindesalter: Sie können prägend sein für das gesamte spätere Leben.
Familienklima	7. Das allgemeine seelische Familienklima: Das Verhalten von Eltern und Geschwistern ist für das jüngste Familienmitglied, das sich naturgemäß am meisten in der Defensive befindet, von allergrößter Bedeutung.
Spätere Vorfälle	8. Spätere körperliche Verletzungen. 9. Spätere emotionale Erlebnisse des privaten und beruflichen Bereiches.

Von diesen Erkenntnissen her betrachtet, trägt also jede Krankheit eine psychosomatische Komponente in sich. Die organische Komponente kann als Ursache, die psychische als Verstärker oder Abschwächer des jeweiligen Symptoms gewertet werden.

Die vegetativen Reaktionsweisen

Es gibt im Körper zwei Kräfteströmungen, die sich im Normalfall die Waage halten und die wir unter dem Begriff »vegetatives Nervensystem« zusammenfassen –
◆ das Sympathicus-System;
◆ das Parasympathicus-System.
Dieses System arbeitet unter weitgehender Ausschaltung des Bewußtseins und des Willens. Man nennt es deshalb auch »autonomes Nervensystem«. Es dient der Aufrechterhaltung konstanter Bedingungen innerhalb des Körpers.

Die vegetativen Reaktionsweisen

Das Nervensystem erfüllt seine Aufgaben nach dem Prinzip der Arbeitsteilung. Während das »Zentralnervensystem«, das dem Bewußtsein und dem Willen unterworfen ist, mit der Regulierung der Beziehungen zur äußeren Welt betraut ist, beherrscht das vegetative Nervensystem die inneren Angelegenheiten des Organismus.

Der Sympathicus ist dabei der Energieverbraucher. Er reagiert durch Abstimmung der inneren vegetativen Funktion auf die Ansprüche äußerer Aktivitäten, insbesondere in Überraschungs- und Notsituationen. Mit anderen Worten: der Sympathicus ist zuständig für die Vorbereitung des Organismus auf Kampf und Flucht. Er reguliert die zweckmäßige Energiebereitstellung: **Sympathicus**

- ◆ Es kommt zu einer Blutumverteilung vom Magen-Darm-Trakt in Richtung Muskulatur, Herz, Lungen und Hirn, wo in »Notsituationen« mehr Energiebedarf anfällt.
- ◆ Der Muskeltonus steigt, um auf rasche körperliche Reaktionen eingestellt zu sein.
- ◆ Der Blutdruck steigt.
- ◆ Der Puls beschleunigt sich.
- ◆ Es kommt zur berüchtigten »Adrenalinausschüttung« usw.

Der Parasympathicus ist für die Energiebereitstellung verantwortlich. Er reguliert die Verdauungs- und Stoffwechseltätigkeit sowie die Einlagerung von Energiespeicherstoffen (vor allem Traubenzucker) in die Muskulatur und in die Leber. **Parasympathicus**

- ◆ Die Blutumverteilung erfolgt in Richtung Magen-Darm-Trakt.
- ◆ Der Blutdruck sinkt.
- ◆ Der Pulsschlag verlangsamt sich.
- ◆ Es kommt zu einer vermehrten Produktion von Verdauungssäften.
- ◆ Die Sexualfunktionen werden angeregt.

Die innere Ökonomie des Organismus während Anstrengung und Erholung verhält sich wie eine Nation im

Krieg und Frieden: Es werden jeweils bestimmte Organfunktionen, die in der Notsituation gebraucht werden, angeregt; gleichzeitig werden die anderen gehemmt – und umgekehrt. Bei neurotischen Störungen der vegetativen Funktionen ist die Harmonie zwischen äußerer Situation und innerlichen vegetativen Prozessen gestört.

Zwei Kategorien Diese emotionalen Störungen können also ganz allgemein in zwei Kategorien eingeteilt werden:
1. Vorbereitung auf Kampf oder Flucht in einer Notsituation (Sympathicus).
2. Zurückziehen von nach außen gerichteter Aktivität (Parasymphaticus).

Der Angsttyp A
Die zu dieser Kategorie zählenden Störungen sind das Ergebnis einer Hemmung oder Verdrängung von Antrieben, die der Selbstbestätigung oder Verteidigung eigener Selbstwertgefühle dienen. Da diese Antriebe gehemmt oder verdrängt sind, werden die naturgegebenen, daraus resultierenden Verhaltensweisen nicht ausgelebt. Der Organismus verbleibt also physiologisch in einer ständigen Bereitschaftshaltung. Alle oben genannten Reaktionen des Sympathicus wie erhöhter Blutdruck, erhöhte Muskelspannung, gesteigerte Herztätigkeit usw. bleiben bestehen: Aus einem »schwankenden Blutdruck« kann die »fixierte, essentielle Hypertonie« werden. Aus der permanent erhöhten Muskelspannung wird ein Gelenksrheumatismus. Aus anfänglichen Engegefühlen in der Brust wird eine Angina pectoris usw.
Nur wenn es gelingt, die aufgestaute Energie abzuleiten, sei es durch sportliche Betätigung, durch einen Wutausbruch im stillen Kämmerlein oder durch die tatsächliche Lösung der ursächlichen Problematik, kann der Organismus wieder zu seinen normalen physiologischen Reaktionen zurückkehren, und die Gefahren sind gebannt.
Menschen dieser Kategorie neigen zu unterschwelligen Ängsten, die man so beschreiben könnte:

Die vegetativen Reaktionsweisen

◆ Angst vor den eigenen, zumeist eher spontan und stürmisch ablaufenden Emotionen. **»Sympathicus-Ängste«**
◆ Angst vor der eigenen Unbeherrschtheit.
◆ Angst vor den eigenen Wutausbrüchen.
◆ Angst vor der Meinung der Mitmenschen.
◆ Angst vor nachlassender Leistungsfähigkeit, in jeglicher Hinsicht.

Alle diese Ängste werden durch eine eigene Urangst genährt – der Angst vor dem Versagen. Menschen vom Angsttyp A sind zumeist seit Kindheit darauf gedrillt, in allen Lebenslagen »ihren Mann zu stellen« und erfolgreich zu sein. Dieser Drill, zumeist von den Eltern (vornehmlich dem Vater) ausgeübt, wird dann in ein eigenständiges Verhaltensmuster umgeformt und ritualisiert. **Urangst**

Der Angsttyp B
Diese Kategorie von Menschen reagiert auf die sich ergebende Notwendigkeit konzentrierter Selbsterhaltungs-Anstrengungen eher mit einem gefühlsmäßigen Sichzurückziehen vor der aktiven Handlung – sie verfallen in einen passiven Abhängigkeitszustand. Statt der rauhen alltäglichen Wirklichkeit ins Auge zu sehen, ist es ihre erste Regung, sich hilfesuchend umzukehren, wie sie es taten, als sie noch hilflose Kinder waren. Dieser Rückzug vor der aktiven Handlung ist eine Haltung, die für den ruhenden Organismus charakteristisch ist, und kann auch mit dem Ausdruck »vegetativer Rückzug« bezeichnet werden.

Ein Beispiel für dieses Phänomen wäre etwa ein Mensch, der in einer Gefahrensituation Durchfall bekommt, statt in einer angebrachten Art zu handeln. Er »macht vor Angst in die Hosen«. Er vollführt damit eine »vegetative Leistung«, für die er als kleines Kind Lob und Beifall geerntet hat. Es kommt somit zu einer Rückkehr in kindliche Verhaltensmuster, die gewissermaßen als Ausrede verwendet werden kann, in der jeweiligen Anspannungssituation nicht entsprechend reagieren zu müssen.

Welcher »Angsttyp« bist Du?

»Parasym- Solche Menschen neigen daher zu funktionellen Magen-
pathicus- Darm-Störungen: Magenübersäuerung, Magen-Darm-
Ängste Krämpfe, Durchfall abwechselnd mit Verstopfung, Colitis usw.

Diese Menschen neigen zu folgenden Ängsten:
- Angst vor Zurückweisung.
- Angst vor ausbleibendem Lob.
- Angst vor der Meinung von Autoritätspersonen wie Eltern oder Vorgesetzten.
- Angst vor dem eigenen unterschwelligen Ärger.
- Übertriebene Angst vor Krankheit, Siechtum und Tod.

Es handelt sich bei all den beschriebenen Verhaltensweisen um die »vegetativen Anfangsreaktionen« auf veränderte Lebensumstände.

Der A-Typ reagiert zumeist impulsiv, emotionell, aktiv; der B-Typ reagiert eher abwartend, zurückgezogen, passiv.

Diese vegetativen Reaktionen haben bei längerer Auswirkung aber weitgreifende Auswirkungen auf andere Systeme im Organismus – auf das Hormonsystem und auf das Immunsystem.

Die Grundformen der Angst

Der Psychoanalytiker Fritz Riemann hat in seinem klassischen Werk über Ängste vier »Grundformen der Angst« definiert.
Ich möchte diese hier noch in Beziehung setzen zu den Lebensphasen, die jeweils alle sieben Jahre einem Wechsel unterliegen.
Gemäß den einzelnen Lebensabschnitten lauten sie:

Vier Grundformen der Angst

◆ Die Angst vor der Selbsthingabe.
  Sie wird in der Kleinkindes- und Kindesphase erlebt. Man ist abhängig; man ist kein »eigener Mensch«.
◆ Die Angst vor der Selbstwerdung.
  Sie wird in der Jugendphase erlebt. Man wird in die Eigenverantwortung und Selbständigkeit entlassen.
◆ Die Angst vor der Wandlung.
  Sie wird in der Erwachsenenphase erlebt. Man ist auf sich alleine gestellt und fürchtet sich bereits vor dem nächsten und letzten Schritt.
◆ Die Angst vor der Endgültigkeit.
  Sie wird in der Altersphase erlebt. Man fürchtet sich vor den Unwägbarkeiten des Jenseits.

Jede Lebensphase hat also ihre eigenen spezifischen Ängste. Diese vier Grundformen der Angst teilen sich auf zehn Lebensphasen auf.

Die Seelenkräfte wechseln alle sieben Jahre.
(Indisches Sprichwort)

Versuchen wir einmal, diese zehn Lebensphasen in Hinblick auf ihre spezifischen Ängste darzustellen. Worin bestehen die wesentlichen Konflikte zur Umwelt, zu den Mitmenschen, zu sich selbst? Jede dieser Lebensphasen hat ihre spezifischen körperlichen und seelischen Prägungen. Am Beginn jeder dieser Phasen sollte

Zehn Lebensphasen

Die Grundformen der Angst

daher auch eine ausführliche »Bestandsaufnahme« der bisherigen und intensiven Neuplanung der nächsten erfolgen. So wenig bewußt das beim Kind auch vor sich ergehen mag, es kann dennoch instinktiv richtiger erfolgen als beim erwachsenen oder alten Menschen.

Phase 1: *Phase 1*
0–7 Jahre *0–7 Jahre*

»Gebt uns die ersten sieben Jahre.«
(Ignatius von Loyola, Gründer des Jesuitenordens)
◆ Liegen – Sitzen – Krabbeln
◆ Aufrichten – Stehen – Gehen – Laufen
◆ reden lernen
◆ Geschwister erleben lernen
◆ andere Kinder erleben lernen
◆ die Umwelt erleben lernen
◆ erste Kontakte mit der Natur erleben lernen usw.

Die Konflikte richten sich auf die natürlichen Bedürfnisse des Körpers.

Angst vor der Selbsthingabe
Es herrscht die erste Grundform der Angst vor – die Angst vor der **Selbsthingabe.**

Das Kind ist gezwungen, sich selbst hinzugeben, will es nicht in eine totale Isolation verfallen, wie diese etwa beim sogenannten Autismus dramatisch zutage treten kann (das Kind nimmt keinerlei Anteil an seiner Umwelt, zeigt keinerlei Gefühlsregungen und ist dann nicht mehr in der Lage, mit seinen Mitmenschen in seelischen Kontakt zu treten).

Die Selbsthingabe eines Kindes stellt die erst seelische Kontaktaufnahme zum Du dar. Ein Kind gibt sich natürlicherweise voll und ganz seiner Beziehung zu anderen Menschen oder seiner jeweiligen Situation hin und ist dabei glücklich.

»Hast Du jemals ein Kind gesehen, das eine Burg aus Sand erbaute und fröhlich in die Hände klatschte, als sein Werk vollendet war.

Die Grundformen der Angst

Hier hast Du Deinen Meister gefunden, Du, der nach Glück verlangt ...«
(BO YIN RA, Das Buch vom Glück)

Die Selbsthingabe des Kindes wird allzuoft mißbraucht und in ein persönliches Besitzverhalten seitens der Eltern umgewandelt.
Dadurch wird das natürliche Streben nach Selbsthingabe zur Angst vor der Selbsthingabe. Und diese Angst bleibt oft ein Leben lang erhalten.
Leidest Du auch unter dieser Angst?

Phase 2
7–14 Jahre: Die ersten Schritte zum **Du**.
◆ Eintritt in die Schule – lernen lernen
◆ erste gesteigerte Anforderungen an die körperlichen und geistigen Leistungsfähigkeiten
◆ erste Schritte zur seelischen Selbständigkeit
◆ erste ernsthafte Konfrontationen mit der Umwelt
◆ erstes Erwachen der Sexualität
◆ erstes Empfinden der Zweigeschlechtlichkeit
◆ erste seelische Kontaktaufnahmen zum anderen Geschlecht

Phase 2: 7–14 Jahre

Auch in diesem Lebensabschnitt ist die Angst vor der Selbsthingabe noch vorherrschend. Je größer die körperliche und seelische Abhängigkeit von der Umwelt, desto größer die Notwendigkeit zur Selbsthingabe.
Die Konflikte entstehen in dieser Phase dadurch, daß Selbsthingabe mißverstanden oder falsch ausgelegt wird. Es entwickelt sich ein gegenseitiges Mißtrauen, das wiederum aus dem noch mangelhaft gefestigten Selbstvertrauen resultiert. Die Unsicherheit im Umgang mit der eigenen unerforschten Sexualität spielt dabei die dominierende Rolle. Der Aufbruch in eine neue beängstigende Welt beginnt dann mit der Pubertät.

Die Grundformen der Angst

Phase 3: *Phase 3*
14–21 Jahre 14–21 Jahre: Die ersten Schritte zur inneren und äußeren Unabhängigkeit.
- ◆ Die sexuelle Reife wird vollzogen;
- ◆ die gesamte körperliche Reife wird vollzogen;
- ◆ das Bedürfnis nach Eigenständigkeit und Unabhängigkeit erwacht;
- ◆ die ersten Schritte zur »Abnabelung« vom Elternhaus finden statt;
- ◆ es werden erste innige Kontakte zum anderen Geschlecht geknüpft;
- ◆ es werden erste Enttäuschungen erlebt;
- ◆ einerseits entwickelt sich ein neues Selbstbewußtsein;
- ◆ andererseits erwachen erstmals bewußte Ängste vor der Zukunft.

Diese Lebensphase wird beherrscht von den größten Unsicherheiten, von den schwersten Vertrauenskrisen zu sich selbst und von den größten seelischen Enttäuschungen, wie sie während des gesamten restlichen Lebens kaum mehr empfunden werden.

Man ist einerseits nicht mehr Kind und doch noch nicht erwachsen. Es werden Anforderungen wie an einen Erwachsenen gestellt; man fühlt sich aber noch als Kind. Umgekehrt wird man oft noch als Kind behandelt; man fühlt sich aber bereits erwachsen.

Angst vor der Selbstwerbung In dieser Zeit der Zwiespälte und sonstigen seelischen Zwangssituationen werden wohl die meisten Ängste geboren, die dann unser späteres Leben bestimmen. Es dominiert erstmals die Angst vor der **Selbstwerdung**. Sie wird wohl von vielen als störend empfunden, sie ist aber notwendig, um mit den ständig steigenden Anforderungen, die die vielfältigen Lernprozesse während dieser Lebensperiode mit sich bringen, zurecht zu kommen.

Diese übertriebene Angst vor der Selbstwerdung kehrt sich oft in das Gegenteil um, nämlich in ein übertrieben zur Schau gestelltes Selbstwertgefühl.

Sie ist die wahre Periode von »Sturm und Drang«.

Die Grundformen der Angst

Phase 4   **Phase 4:**
21–28 Jahre: Die ersten Schritte in die Ungewißheit des   **21–28 Jahre**
Erwachsenseins.
◆ Die körperliche Entwicklung ist abgeschlossen;
◆ es beginnt der berufliche Aufstieg;
◆ es erfolgt die Loslösung vom Elternhaus;
◆ es werden »Partnerschaften fürs Leben« geschlossen;
◆ es werden »eigene« Kinder geboren;
◆ es werden Pläne für die Zukunft geschmiedet.

Die Angst vor der Selbstwerdung verliert sich zumeist in dieser Lebensphase. Sie macht einer anderen Form der Angst, der Angst vor der unausbleiblichen **Wandlung** und Änderung der Lebensumstände, Platz. Dazu kommt die Angst vor der künftigen, bislang ungewohnten Eigenverantwortung, die Angst vor der Selbstbestimmung, was das eigene Schicksal betrifft. Die Unbekümmertheit der Jugend vergeht, der »Ernst des Lebens« beginnt. Diese Phase des Lebens ist oft noch bestimmt von Selbstzweifeln, von bewußten und unbewußten Verzögerungen, die berufliche Ausbildung betreffend und dergleichen mehr. Alles nur, um dieser Eigenverantwortung zu entkommen. Sie ist aber andererseits diktiert von dieser neuerwachenden Zuversicht, die sich wiederum nur auf Grund der zunehmenden Eigenverantwortung einstellt. Es sind zwei Kräftespiralen, die das Schicksal dieser Tage bestimmen – die eine führt zurück in die Kindheit, die andere in das Erwachsensein mit seinen unerbittlichen Forderungen.

Angst vor der Wandlung

Phase 5   **Phase 5:**
28–35 Jahre: Die ersten Schritte zur Stabilität.   **28–35 Jahre**
◆ Es wird alles unternommen, um Stabilität in sein Leben zu bringen;
◆ die berufliche Laufbahn beginnt;
◆ es wird alles dieser Laufbahn untergeordnet;
◆ es wird Raubbau an der Gesundheit betrieben;
◆ man lebt finanziell über die Verhältnisse;

Die Grundformen der Angst

- es kommt zu nervlichen Überforderungen (Streß);
- es kommt zu ersten Ehezwistigkeiten;
- die eigenen Kinder treten in ihre zweite Lebensphase;
- es werden Pläne für das künftige Leben in die Tat umgesetzt.

Die Phase der Wandlung hat nun voll eingesetzt. Daher kommt es auch zur Angst vor der Wandlung. Stabilität und Wandlung sind in dieser Phase eins. Die einzige Stabilität besteht in der Wandlung. Die Angst wird dabei bewußt »verdrängt«, also nicht zur Kenntnis genommen. Sie macht wieder einer neuen Zuversicht Platz. In diesem Lebensabschnitt erreicht das persönliche Selbstvertrauen seinen Höhepunkt. Man lebt aber körperlich und seelisch und auch finanziell oft über seine Verhältnisse, was sich in späteren Lebensphasen fatal auswirken kann.

Phase 6: *Phase 6*
35–42 Jahre 35–42 Jahre: Die Stabilität festigt sich.

- Der berufliche Erfolg festigt sich;
- man findet sich in »der Blüte seiner Jahre«;
- man beginnt ansatzweise das Leben zu genießen;
- man versucht, die Partnerschaft zu festigen;
- es wird endgültig Abschied genommen von der Jugend;
- die eigenen Kinder treten in ihre dritte Lebensphase;
- die ersten Enkelkinder werden geboren;
- erste Gedanken an das Alter tauchen auf.

Auch diese Phase ist noch der Angst vor der Wandlung unterworfen, auch wenn die Stabilität Platz gegriffen hat. Auch hier kommt es oft zu einer irrealen Angst vor dem Verlust dieser Stabilität; daß »es nicht so bleiben könnte, wie es ist«. Andererseits ist hier der Zenit des Lebens erreicht. Das Selbstvertrauen ist unüberbietbar. Man möchte »die Welt in Stücke reißen«.

Phase 7: *Phase 7*
42–49 Jahre 42–49 Jahre: Die Stabilität weicht.

- Es wird mit allen Kräften versucht, noch einmal einen Wandel herbeizuführen (»midlife crisis«);
- die Jugend wird wieder heraufbeschworen;
- Beziehungen werden gelöst;
- es werden neue Partnerschaften eingegangen;
- es werden »späte Kinder« geboren;
- die Enkelkinder treten in ihre zweite Lebensphase;
- es kommt zu ersten körperlichen Ausfallserscheinungen;
- es werden erste Vorbereitungen für einen beruflichen Ausstieg getroffen;
- die Gedanken an das Alter greifen Platz.

In dieser Phase wird die Angst vor dem Wandel am stärksten empfunden. Man kann sie auch als buchstäbliche Angst vor dem »Wechsel« bezeichnen. Es werden daher oft absurde Handlungen gesetzt, um dieser Angst zu entgehen. Das eigene Selbstvertrauen wird durch diese Handlungen schwer gestört, was neuerlich zu regelrechten Panikattacken führt. Diese Kraftspirale führt oft in menschliche Katastrophen.

Phase 8
49–56 Jahre: Die Stabilität ist überwunden.
- Der Wechsel ist vollzogen;
- man kehrt zu alten Gepflogenheiten zurück;
- der berufliche Ausstieg wird definitiv vorbereitet;
- die eigenen Enkelkinder treten in ihre zweite Lebensphase;
- Resignationen keimen auf;
- es werden zunehmend Fragen nach der Sinnhaftigkeit des Lebens gestellt;
- Depressionen und Selbstmordgedanken keimen auf;
- die eigenen Eltern werden zur Belastung;
- die Eltern sterben;
- das Alter wird in seiner negativsten Form gewertet.

In dieser Phase wird die Angst vor der Wandlung zur Angst vor der **Endgültigkeit**. Die Unabänderlichkeit der

**Phase 8:
49–56 Jahre**

Die Grundformen der Angst

Naturgesetze sowie die Vergänglichkeit des Seins werden hier am schmerzlichsten empfunden. Man möchte »das Rad der Zeit« zurückdrehen. Man trauert versäumten Gelegenheiten nach. Man klammert sich an das Erreichte und hält krampfhaft daran fest. Man scheut jede Veränderung.

Phase 9:
56–63 Jahre

Phase 9
56–63 Jahre: Die ersten Schritte in das Jenseits.
◆ Die beruflichen Situationen verändern sich dramatisch;
◆ der »Pensionsschock« setzt ein;
◆ die häuslichen Verhältnisse ändern sich ebenso;
◆ es kommt neuerlich zu schweren Persönlichkeitskrisen;
◆ es kommt zu völligen »Selbstwerteinbrüchen«;
◆ man flüchtet sich in Krankheiten und Leiden;
◆ Partner klammern sich mehr als sonst aneinander;
◆ man beginnt übertrieben sparsam zu leben;
◆ man denkt nur mehr an die Vergangenheit;
◆ jeder Gedanke an die Zukunft geht verloren.

Diese Phase ist ähnlich einzustufen wie Phase 4. Sie ist die Aufbruchsphase in eine neue Lebensdimension, der des »Alterns«. In sie fällt die erste echte Konfrontation mit den negativen Seiten dieses Begriffes. Altern ist für viele Menschen gleichbedeutend mit Hilflosigkeit, Abhängigkeit, Unabänderlichkeit u. dgl. Altern ist für viele Menschen ein früher Abschied vom Leben. In der Angst vor der Endgültigkeit schwingt bereits die Angst vor dem Tod mit.

Phase 10:
63–70 Jahre

Phase 10
63–70 Jahre: Die Angst vor dem Tod.
◆ Die Angst vor dem Tod wird zum bestimmenden Lebenselement;
◆ Krankheiten und Leiden nehmen überhand;
◆ die Konzentration auf das eigene Wohl und Wehe ist vorrangig;

◆ jede Veränderung wird mehr denn je abgelehnt;
◆ man flüchtet sich verstärkt in die Vergangenheit;
◆ man hält ängstlich an seinem Besitz fest;
◆ es werden keine Kompromisse mehr geschlossen;
◆ das Leben beginnt, seinen letzten Sinn zu verlieren.

In dieser Phase hat die Angst vor der Endgültigkeit seinen Höhepunkt erreicht. Und diese Intensität bleibt oft bis an das Lebensende erhalten. Unzählige Menschen ver- **Angst der** bringen ihre letzten Lebensjahre ausschließlich in per- **letzten** manenter Angst, wobei der jeweilige Inhalt ihrer Ängste **Lebensjahre** wechseln kann. Wichtig für sie ist lediglich, daß sie Angst haben können. Die Urangst des Menschen greift Platz – die Angst vor dem Tod. Das gilt selbstverständlich nicht für jeden – aber doch für die meisten Menschen ...

Die Jugend endet und das Alter beginnt mit siebzig.
(Japanisches Sprichwort)

Die magischen Kräfte der Angst

Angst ist eine Phantasievorstellung!
Angst ist ein Zustand der Selbsthypnose!

Die Angst beherrscht unser Leben! Das ist eine unbestreitbare Tatsache. Die Angst durchsetzt Körper und Seele wie eine Seuche. Sie lähmt unsere besten Kräfte, unsere Lebensinitiativen und unsere Kreativität.
Unser Leben wird diktiert von unseren Vorstellungen. Nicht die Dinge selbst, sondern die Einstellung, die wir zu ihnen haben, bestimmt ihre Auswirkungen auf unser Leben und unser Schicksal. Sie bestimmt, ob wir etwas als positiv oder als negativ empfinden. Man kann beispielsweise eine bestimmte Wetterlage als »teilweise sonnig« oder »teilweise bewölkt« bezeichnen – je nach unserer inneren Grundstimmung.

Angst und Zuversicht Es gibt zwei Kräfteströmungen, die einen ständigen Kampf um unsere Seele führen – die Angst und die Zuversicht. Jede dieser Kräfte wird stärker oder schwächer, je nachdem, wie intensiv wir sie betätigen und schulen.
Positive Zuversicht wird unser Leben in positive Bahnen lenken. Die negative Angst kann unser Leben frühzeitig zerstören.

»Der Himmel ist in Dir
und auch der Hölle Qual.
Das was Du erkiest und willst,
das hast Du allzumal.«
(ANGELUS SILESIUS, Cherubinischer Wandersmann)

Die Kunst, das Leben zu meistern, besteht also im wesentlichen darin, die Zuversicht immer wieder soweit zu stärken, daß sie die allgegenwärtige Angst unterdrückt

und in ihren Auswirkungen schwächt. Lasse keinen Tag vorübergehen, ohne daß Du Dir diese elementare Tatsache vor Augen führst!
Die Angst übt eine magische Wirkung auf unsere Seele aus. Das Fatale daran ist, daß die Angst ihre eigenen Inhalte mit magischer Gewalt heranzieht.

Ein betrübliches Beispiel

Frau Erna T., Hausfrau. Mutter zweier erwachsener Kinder, hat sich immer Sorgen um ihre Gesundheit gemacht. Insbesondere ihr Verdauungstrakt war immer im Zentrum ihrer Aufmerksamkeit. Sie hat stets auf hochwertige, »gesunde« Ernährung geachtet. Der tägliche Stuhlgang war für sie eine Existenzfrage. Durch jährliche Fastenkuren war sie immer wieder bestrebt, ihren Körper – vornehmlich ihre Gedärme – zu reinigen und zu entgiften. Die Katastrophe ist hereingebrochen, als ihre Mutter in hohem Alter an Darmkrebs verstorben war. Zu diesem Zeitpunkt bildete sich in ihr die fixe Idee, sie würde das gleiche Schicksal erleiden. Sie lebte fortan nur mehr von rein pflanzlicher Kost, fastete zwischendurch immer wieder und achtete mit hysterischer Akribie darauf, nur ja täglich, möglichst mehrmals, Stuhlgang zu haben. Die zwangsläufige Folge war, daß sie zusehends abmagerte, vollständig von Kräften kam und letztlich – ebenso zwangsläufig – eine ausgeprägte Immunschwäche entwickelte. Alles dies die besten Voraussetzungen, eine Krebskrankheit zu erleiden. Es kam, wie es kommen mußte. Frau Erna T. überlebte nicht. Sie verstarb in ihrem 50. Lebensjahr – an Darmkrebs.

Dieses Beispiel zeigt wohl deutlich wie kein zweites, daß gerade Krebs eine echte »Angstkrankheit« darstellt.
Die Wissenschaft ist sich einig, daß wir alle den Krebs ein Leben lang in uns tragen; daß die bösartigen Zellen aber durch ein intaktes Immunsystem immer in Schach gehalten werden. Die Angst ist ein permanenter Streßzustand. Der negative Streß ruft – wie schon früher erwähnt – auf Dauer eine Immunschwäche hervor.

Angst schwächt den Körper

Die Angst vor Krebs kann also Krebs zum Ausbruch kommen lassen.

Die Angst vor einer Krankheit kann gerade diese Krankheit herbeiführen, vor der man Angst hat. Jede Krankheit hat eine Ursache und einen Anlaß. Die Ursachen liegen im Körper selbst verborgen, die Anlässe kommen fast immer aus irgendeiner Angst.

Vom richtigen Umgang mit der Angst

»Die Bekämpfung der Angst wird nur dann erfolgreich vor sich gehen, wenn die im jeweiligen Fall wirksamen, angsterzeugenden Vorstellungen klar erkannt, und die angstbewirkenden Momente dieser Vorstellungen durch nüchterne Betrachtung zur Zersetzung gebracht werden.«

»Hat man diese Momente genau festgestellt, dann sind sie leicht im Denken aufzulösen und können dann fernerhin nicht mehr zur Wirkung kommen.«
(BO YIN RA, Der Weg meiner Schüler)

Man kann sich diese Worte nicht oft genug bewußt machen. Sie enthalten bereits die Zauberformel, wie man es lernen kann, jeder Angst ihren Schrecken zu nehmen.

Der Feind der Angst ist die Logik

Man könnte es noch anders formulieren: Der größte Feind der Angst ist die Logik! Wie oft hat etwa eine einfache Röntgenaufnahme einen Menschen von seiner Krebsangst befreit. Und derlei Beispiele gäbe es wohl unzählige.

Nur ein angstfreies Leben ist es wert, Leben genannt zu werden! Die Angst will uns ununterbrochen in ihren verderblichen Bann ziehen. Sie entzieht uns unsere besten Kräfte. Sie kann uns schwächen bis zum Untergang.

Vom richtigen Umgang mit der Angst

Die Angstliste
Versuchen wir jedoch zunächst, das Thema einmal wissenschaftlich anzugehen. So beängstigend es auch anmuten mag, aber es ist trotzdem sehr aufschlußreich und wertvoll, einmal die wichtigsten Angstmöglichkeiten auf einen Blick vor sich zu haben. Es werden hier bewußt die wissenschaftlichen Bezeichnungen angeführt, um die Ängste ein wenig zu »ent-emotionalisieren«.

Aerophobie	Angst vor dem Fliegen	**Irreale**
Agoraphobie	Angst vor großen freien Plätzen	**Angst-**
Ailurophobie	Angst vor Katzen	**attacken**
Akrophobie	Angst vor großen Höhen	
Aquaphobie	Angst vor dem Wasser	
Arachnophobie	Angst vor Spinnen	
Bakteriophobie	Angst vor Bakterien und Krankheitserregern	
Brontophobie	Angst vor dem Donner	
Carcinophobie	Angst vor Krebs	
Chemophobie	Angst vor chemischen Substanzen	
Erotophobie	Angst vor erotischen Handlungen	
Gephyrophobie	Angst vor hohen Brücken und Abgründen	
Haematophobie	Angst vor Blut	
Klaustrophobie	Angst vor geschlossenen Räumen, Aufzügen u. dgl.	
Kynophobie	Angst vor Hunden	
Muriphobie	Angst vor Mäusen	
Mysophobie	Angst vor Schmutz	
Nukleophobie	Angst vor radioaktiver Strahlung	
Nyktophobie	Angst vor der Dunkelheit	
Ophidiophobie	Angst vor Schlangen	
Photophobie	Angst vor grellem Licht	
Pyrophobie	Angst vor dem Feuer	
Thanatophobie	Angst vor dem Tod	
Xenophobie	Angst vor fremden Menschen	

Diese ansehnliche Liste betrifft, wie der jeweilig enthaltene Ausdruck »Phobie« deutlich macht, völlig irreale, unvernünftige und übertriebene Ängste, die in dem Augenblick der Angstempfindung durch logische Argumente nicht aufzulösen sind.

Wenn ein Mensch etwa in einer Seilbahn oder in einem Aufzug in Panik gerät, so wird man ihm kaum mit Aussagen wie »Es wird schon nichts passieren« oder »Wir werden schon heil ankommen« beruhigen können. Es würde möglicherweise einen Sinn ergeben, dem Betreffenden mit technischen Argumenten klarzumachen, daß mehrere Sicherheitssysteme eingebaut sind, daß es ein modernes Gerät ist usw.

Es handelt sich also dabei um krankhafte Ängste, die von dem betroffenen »mit Leib und Seele« Besitz ergreifen und zu einem lebensbestimmenden Element werden können.

Die Gewissenserforschung
Der erste und gleichzeitig wichtigste Schritt, mit seinen Ängsten fertig zu werden, ist die Selbstanalyse, also gewissermaßen eine »Angstinventur«.

»Angstinventur«
Man versucht zunächst einmal anhand der obigen Liste in aller schonungsloser Offenheit vor sich selbst, sich die eigenen Urängste einzugestehen.

Ist dies geschehen, so versuchen Sie eine Wertigkeit Ihrer Ängste zu schaffen. Welche Ängste stehen oben, welche in der Liste weiter unten. Geben Sie Ihren Ängsten Noten von ein bis fünf oder umgekehrt.

Alltägliche Ängste
In zweiter Linie geht es um alltägliche Ängste und nicht so sehr um die oben erwähnten, mit Panikanfällen verbundenen Angstattacken. Man sollte sich dabei eher die Frage stellen, ob man den entsprechenden Situationen instinktiv lieber aus dem Weg gehen und die damit verbundenen Handlungen lieber vermeiden würde.

Eine weitere praxisbezogene Liste soll diese Aufgabe erleichtern:

Vom richtigen Umgang mit der Angst

Kreuzen Sie den jeweiligen Sachverhalt einfach an.

Alltägliche Ängste	Angst	keine Angst
Flugreisen	☐	☐
Aufzüge, Seilbahnen, U-Bahnen	☐	☐
Autobusreisen, Eisenbahnreisen	☐	☐
Autofahren an und für sich	☐	☐
Fahrten durch Unterführungen und Tunnels	☐	☐
Menschenansammlungen	☐	☐
Höhenwanderungen	☐	☐
Hohe Brücken, Abgründe	☐	☐
Große freie Flächen	☐	☐
Dunkle Wälder	☐	☐
Alleinsein in der Natur	☐	☐
Schwimmen in Teichen und Seen	☐	☐
Schwimmen im Meer	☐	☐
Ertrinken	☐	☐
Gewitter und Stürme	☐	☐
Erdbeben	☐	☐
Aufenthalte in Friedhöfen	☐	☐
Nebelzonen	☐	☐
Offenes Feuer	☐	☐
In den Keller gehen	☐	☐
Dunkelheit allgemein	☐	☐
Sonnenbestrahlung	☐	☐
Schlangen und Würmer	☐	☐
Katzen	☐	☐
Hunde	☐	☐
Ratten, Mäuse und andere Nagetiere	☐	☐
Insekten	☐	☐
Verhungern	☐	☐
Gewicht zunehmen	☐	☐
Gewicht abnehmen	☐	☐
Ersticken	☐	☐
Gift im Essen	☐	☐
Verunreinigte Nahrungsmittel	☐	☐
Chemikalien im Essen	☐	☐
Chemische Medikamente	☐	☐
Suchtmittel	☐	☐
Umweltgifte	☐	☐

Die magischen Kräfte der Angst

Erdstrahlen	☐	☐
Elektrische Strahlen und Felder	☐	☐
Technische Geräte	☐	☐
Vorgesetzte	☐	☐
Ämter und Behörden	☐	☐
In der Öffentlichkeit sprechen	☐	☐
Telefonieren	☐	☐
Zornausbrüche anderer Menschen	☐	☐
Berufliches Versagen	☐	☐
Entlassung oder Kündigung	☐	☐
Finanzieller Ruin	☐	☐
Bewertung der eigenen Person durch andere	☐	☐
Jemandem Hilfe leisten	☐	☐
Jemanden Unbekannten ansprechen	☐	☐
Eine Straße überqueren	☐	☐
Das eigene Spiegelbild	☐	☐
Sexuelles Versagen	☐	☐
Abhängigkeit und Hilflosigkeit	☐	☐
Körperliche Behinderung	☐	☐
Krankheit allgemein	☐	☐
Schmerzen	☐	☐
Herzinfarkt	☐	☐
Schlaganfall	☐	☐
Krebs	☐	☐
Körperliche Verletzungen	☐	☐
Erbliche Belastung	☐	☐
Erziehungsfehler	☐	☐
Angst vor den eigenen Kindern	☐	☐
Verlust des Partners	☐	☐
Verlust von Kindern	☐	☐
Verlust von nahen Verwandten	☐	☐
Verlust von Freunden	☐	☐
Einsamkeit im Alter	☐	☐
Langsames Siechtum vor dem Tod	☐	☐
Der Tod selbst	☐	☐
Das Leben nach dem Tod	☐	☐

Es versteht sich von selbst, daß diese Liste noch beliebig ausgedehnt werden könnte. Sie bezeichnet alltägliche Situationen, die – so banal sie auch sein mögen – völlig

irreale Ängste hervorrufen können. Diese werden gewissermaßen in die Seele einprogrammiert, und es macht größte Mühe, diese Fehl-Programme wieder zu löschen.
Die häufigsten »Alltagsängste« sind:

Die häufigsten Alltagsängste

- Angst vor Trennung vom Partner
- Angst vor Krankheit
- Angst vor sexuellem Versagen
- Angst vor materieller Not
- Angst vor beruflichen Veränderungen
- Angst vor Pensionierung
- Angst vor dem Alleinsein
- Angst vor Hilfs- und Pflegebedürftigkeit
- Angst vor dem Tod

Die abwärtsführenden Stufen der Angst

»Es gibt mehr Opfer der Angst in der Welt, als je eine mörderische Seuche an Menschenopfern für sich verlangte!«
(BO YIN RA, Der Weg meiner Schüler)

Schreck – Furcht – Angst

Schreck – Furcht – Angst: Daraus besteht die Stufenleiter unserer Ängste, die allerdings nicht nach oben, sondern oft geradewegs in den körperlichen, seelischen und mitunter auch in den existentiellen Ruin führt. Sie führt in die tiefsten Abgründe der Seele.
Aus einem Schockerlebnis mit harmlosem Hintergrund wird oft ein »Angst-Trauma« – etwas, das wir als die klassische Angstreaktion bezeichnen können.
Das Schockerlebnis und der damit verbundene Schreck wird gedanklich immer wieder nachvollzogen und oft auch fehlinterpretiert. Je öfter man aber einen Gedanken – und immer wieder den gleichen – faßt, desto stärker gräbt er sich in unser Bewußtsein. Das gilt für negative und positive Gedanken gleichermaßen.
Das große Lebenskunststück besteht also – wie schon

Die magischen Kräfte der Angst

Angst durch Zuversicht verdrängen

erwähnt – darin, die negativen Angst-Gedanken durch positive Zuversichts-Gedanken zu verdrängen!
Der Ausdruck »Verdrängung« hat leider durch die zahllosen Fehldeutungen Sigmund Freuds und seiner Jünger einen äußerst negativen Beigeschmack erhalten. Die psychoanalytische Lehre spricht sinngemäß davon, daß seelische Erlebnisse, wenn sie verdrängt werden, damit nicht aus der Welt geschafft sind und uns ein Leben lang begleiten. Diese Ansicht ist grundfalsch und mittlerweile auch durch neuere psychotherapeutische Therapiemethoden widerlegt worden.

Die magische Wirkung der Angst

Der bestimmende Faktor, wie sehr die Angst in unserem Leben Raum gewinnen kann, ist die Anzahl und Intensität der sich wiederholenden angsterzeugenden Gedanken! Je öfter man an die Angst denkt, desto stärker wird sie. – Darin liegt die magische Wirkung der Angst. Das gilt allerdings gleichermaßen für die Zuversicht!
Angst muß durch Zuversicht verdrängt werden!!
Eine andere Möglichkeit gibt es nicht!
Dazu ein Beispiel, das auf einer tatsächlichen Begebenheit beruht.

Eine tatsächliche Begebenheit

Ein sechsjähriges Kind wird von seinem sportlich überehrgeizigen Vater eines Tages überraschend in ein Schwimmbecken gestoßen, um »endlich schwimmen zu lernen«. Im ersten Schreck vergißt das Kind auch nur irgendwelche Schwimmbewegungen zu machen, und geht wie ein Stein unter. Es wird von seinem Vater, der hinterherspringt, wieder an die Oberfläche geholt.
Die tödliche Angst vor dem Ertrinken prägt dieses Kind ein Leben lang. Auch wenn es später unter normalen Umständen Schwimmen lernt, wird es eine instinktive Angst vor dem Wasser beibehalten – einfach, weil es immer wieder an diesen Vorfall denkt und sich an den damaligen Schreck erinnert. Und es wird möglicherweise diese Angst auf andere Menschen übertragen. Es wird möglicherweise seine eigenen Ängste später seinen eigenen Kindern als Hypothek mitgeben.

Die abwärtsführenden Stufen der Angst

Die Angst ist ansteckend
Es gibt sie, die Menschen, die buchstäblich nur Angst und Schrecken verbreiten. Sie nutzen bewußt oder unbewußt die verderblichen Kräfte der Angst, um andere Menschen zu manipulieren. Angst verbreiten kann aber nur ein Mensch, der die Angst kennt und der in Angst lebt. Und es sind zumeist seelisch sehr kraftvolle Menschen, die auf diese Weise andere Menschen in ihren Bann ziehen. Die Menschheitsgeschichte kennt unzählige Beispiele für solche Unheilsbringer.

Angst und Schrecken verbreiten

Die allermeisten unserer Ängste werden in der Kindheit geboren. Ängstliche Eltern ziehen ängstliche Kinder heran. Nur selten gelingt es einem, sich aus dieser verhängnisvollen Spirale zwischen Furcht, Angst und Schuldgefühlen zu lösen.

Auch hier zeigt sich wieder die magische Wirkung der Angst. Kinder, die unter ständiger Angst aufwachsen, versuchen später, als Erwachsene – wenn sich ihnen die Möglichkeiten bieten – ihre eigenen Ängste auf andere abzuwälzen, indem sie in diesen anderen Ängste wachrufen.

Der Trugschluß bei dieser Vorgehensweise ist aber, daß sich die Angst wohl im anderen vermehrt, die eigenen Ängste aber nicht weniger werden.

Menschen, die »Angst und Schrecken verbreiten«, vermehren damit nur das Angstpotential auf der Erde, machen anderen Menschen das Leben zur Hölle und gewinnen dadurch für sich selber – nichts!

Wenn Du die Angst-Gewissenserforschung betreibst, so frage Dich einmal, inwieweit Du selbst Deine eigenen Ängste auf andere Menschen in der beschriebenen Weise überträgst!? Frage Dich, inwieweit Du deine Umwelt, Deinen Partner, Deine Kinder mit Deinen Ängsten überhäufst. Und frage Dich letztlich, welchen Schaden Du damit anrichtest ...

Angst-Gewissenserforschung

Doch kehren wir noch einmal zur Stufenleiter der Angst zurück. Sie ist in Wahrheit eine Kellerstiege, die in ein

Die Hölle in uns unergründbares schwarzes Loch führt, das alle Schrecken dieser Erde birgt. Sie führt geradewegs in die »Hölle«; dort wo »Heulen und Zähneknirschen« herrscht.
Die Angst ist die wichtigste und stärkste Hilfskraft der teuflischen Mächte in unserem Universum. Und – jede Mensch ist sein eigenes Universum. Wir alle sind also, ohne Ausnahme, auf Gedeih und Verderb diesen Mächten ausgeliefert.
Wir gebrauchen ja auch den Ausdruck von der »teuflischen Angst, die am Mark des Lebens frißt«.
Und dieser Ausdruck trifft Wort für Wort zu!

Schreck – Furcht – Angst.
Aus einem plötzlichen kurzen Schreck kann eine irreale unvernünftige Furcht werden und aus dieser eine tödliche Angst, die zu einem beherrschenden Element des Lebens wird ...
Man lebt dann nur mehr in Angst – und in Angst vor dieser Angst.

Der Schreck
Es ist jedem von uns des öfteren passiert, und es passiert immer wieder, daß wir durch eine unerwartete bedrohliche Situation erschrecken. Der sprichwörtliche »Blitz aus heiterem Himmel« symbolisiert diesen Vorgang.
Dieses plötzliche Erschrecken löst im Körper zunächst eine »Alarmreaktion« aus. Sie stellt einen plötzlichen Streß mit allen bekannten körperlichen Reaktionen dar.
Schreck-reaktion So wie es positiven und negativen Streß gibt – Eustreß und Disstreß –, so kann man auch von einem freudigen und einem schrecklichen Schreck sprechen. Beide sind zu Anfang in ihren Auswirkungen gleich: Das Herz rast, der Blutdruck steigt, die Muskulatur erstarrt, der Atem stockt, wir werden leichenblaß ...
Nach wenigen Minuten wandelt sich all das ins Gegenteil um. Der Herzschlag verlangsamt sich, das Herz »stolpert«, der Blutdruck sinkt rasch ab, die Muskeln

Die abwärtsführenden Stufen der Angst

erschlaffen, wir atmen tiefer als normal, ein Hitzegefühl durchströmt unseren Körper ... Nach kurzer Zeit ist der Spuk vorbei.

Unser Verstand, der in dieser Phase kurzzeitig ausgeschaltet war, gewinnt wieder die Oberhand. Wir erkennen die erfreuliche oder beunruhigende Ursache des Erschreckens und beginnen, darauf – je nach Temperament – überschießend oder besonnen zu reagieren. Allmählich flauen auch die letzten seelischen Windböen in uns ab, und wir gehen zur Tagesordnung über.

Zwei Beispiele:
Beispiel 1:
Ein Mann kommt nach langer Tagesmüh des Abends erschöpft nach Hause. Er sperrt die Wohnungstür auf. Seine Familie ist schon vollzählig zugegen. Hinter ihm ertönt ein Schrei – das berühmte »Huh« –, und ein alter Freund, den er jahrelang nicht mehr gesehen hat, steht ihm gegenüber. Zuerst ist er starr vor Schreck, dann möchte er ihm am liebsten eine herunterhauen, und danach fallen sie sich um den Hals. **Starre – Aggression – Aufeinanderzugehen**

Dieser Ablauf wiederholt sich in jeder derartigen Situation: Starre – Aggression – Aufeinanderzugehen.

Beispiel 2:
Ein Mann kommt nach langer Tagesmüh des Abends erschöpft nach Hause. Bevor er noch das Licht im dunklen Stiegenhaus andrehen kann, steht eine schemenhafte Gestalt vor ihm und drückt ihm einen harten Gegenstand in die Magengrube. Die Gestalt spricht einige undeutliche Worte, die er natürlich nicht verstehen kann. Er ist wieder starr vor Schreck. Nach wenigen Sekunden trifft er in einer instinktiven Abwehrbewegung das Gesicht des bedrohlichen Gegenübers und benutzt das Überraschungsmoment, um in Richtung seiner Wohnung davonzulaufen. **Starre – Aggression – Davonlaufen**

Starre – Aggression – Davonlaufen.

Erst wenn der Verstand wieder in Aktion tritt, entscheidet sich, durch welche Reaktionsweise die Schrecksituation wieder aufgelöst wird.

Der Schreck kann also sowohl positive als auch negative Ursachen haben. In den allermeisten Fällen wird das Schreckerlebnis nach einiger Zeit in unserer Erinnerung verblassen, wenn – und das ist das entscheidende Element bei dieser Frage – wenn wir es nicht mittels unserer Gedanken immer wieder in das Bewußtsein zurückrufen. Denn dann tritt wiederum der Verstärkereffekt unserer Vorstellungen und Gedanken in Funktion.

Je öfter wir uns eine bereits erlebte Situation ins Gedächtnis zurückrufen, desto stärker wird sie von uns Besitz ergreifen. Und es sind in erster Linie die buchstäblich »schreckerregenden« Vorstellungen, die sich mit magischer Gewalt in unser Bewußtsein drängen. Die erfreulichen, positiven nehmen wir wohl dankbar zur Kenntnis, räumen ihnen aber viel zu wenig Platz in unserer Gedankenwelt ein.

Darin liegt die teuflische Macht, die diese Magie der Angst über uns ausübt. Und es erfordert unsere besten Kräfte, diese Macht zu brechen.

Denn wie lautet der fundamentale Satz von BO YIN RA:
  »*Jede Kraft erstarkt durch Betätigung.*«

Die Furcht
Furcht ist grundsätzlich ein lebenserhaltendes Element. Sich zu fürchten heißt, einem Sachverhalt ausweichen, der uns an Leib und Leben bedrohen könnte.

Die üblichen Vorsichtsmaßnahmen des Alltags Wenn wir nach links und rechts schauen, bevor wir eine Straße überqueren, so ist das wohl eine normale Reaktion, sie entspricht allerdings in ihren Hintergründen der Furcht, von einem vorbeifahrenden Auto erfaßt und verletzt zu werden.

Wenn wir uns vor dem Essen die Hände waschen, so ist das eine durchaus »normale« Handlung; sie könnte allerdings aus der Furcht entspringen, durch den Schmutz an unseren Händen eine Infektion zu erleiden.

Die abwärtsführenden Stufen der Angst

Wenn wir bei Verlassen der Wohnung die Tür zusperren, so ist das für uns durchaus normal, und dennoch entspringt es im Hintergrund der Furcht, von Einbrechern heimgesucht zu werden.
Es gibt eine Unzahl von scheinbar alltäglichen Handlungen, die allesamt der Vermeidung der Furcht dienen und die im allgemeinen durchaus sinnvoll, ja sogar lebensnotwendig sind.
Man könnte sie auch als die üblichen Vorsichtsmaßnahmen des Alltags bezeichnen.
Die Schritte zur wirklichen Angst sind damit allerdings bei weitem noch nicht getan.
Wenn einmal eine Schreckreaktion überwunden ist, entsteht der natürliche Drang, einer ähnlichen Situation in Hinkunft auszuweichen.
Die Furcht ist – wie gesagt – eine Vorstufe der Angst, die sich auch in Form von Panikreaktionen auswirken kann.
Furcht und Panik könnte man also von den Begriffen her gleichsetzen.

Furcht und Panik sind alltäglich wiederkehrende, zumeist banale Erlebnisse, die allmählich zu rituellen Handlungen umgewandelt werden. Wir leben nach solchen rituellen Spielregeln, die wir dann als »Gewohnheiten« oder »Prinzipien« bezeichnen. **»Gewohnheiten« und »Prinzipien«**
Wenn diese Rituale sich in unserer Seele fest verankern und wir sie aus eigener Kraft nicht mehr herauslösen können, können sie zu übermächtigen beherrschenden Elementen in unserem Leben werden, denen alles andere untergeordnet wird.
Psychologisch-wissenschaftlich ausgedrückt, werden daraus:
»Zwänge« – »Süchte« – »Phobien« – »Neurosen«.
Im Extremfall ist der Betroffene kaum mehr in der Lage, etwas anders zu vollführen, als diese »seine« Rituale. Und seine Umwelt, seine Mitmenschen müssen sich ebenfalls diesen Ritualen unterordnen. Sie durchdringen alle Lebensbereiche.

Alltags- Die Alltags-Rituale der Furcht:
rituale der Versuchen Sie einmal, Ihre persönlichen alltäglichen,
Furcht kleine Rituale zu durchschauen, so unbedeutend sie auch sein mögen.

- ◆ Wie oft waschen Sie sich die Hände, auch wenn es nicht unbedingt erforderlich ist?
- ◆ Wie oft vollführen Sie »rituelle Körperwaschungen« mit Seife und Shampoo nur, um ja recht »sauber« zu sein?
- ◆ Wie weit treiben Sie die anschließenden »Einbalsamierungen«?
- ◆ Wie oft betrachten Sie sich prüfend im Spiegel, ob etwa neue Fältchen aufgetaucht sind?
- ◆ Wie oft überprüfen Sie Ihre Frisur in Hinblick darauf, ob nicht etwa ein Härchen aus seiner Position gerutscht ist?
- ◆ Wie oft »zählen« Sie Ihre grauen Haare?
- ◆ Wie oft wischen Sie vor dem Essen noch einmal kräftig über Ihr Eßbesteck und Trinkglas, um nicht durch Verunreinigungen oder vermeintlichen Krankheitserregern »angesteckt« zu werden?
- ◆ Wie oft fühlen Sie Ihren Puls?
- ◆ Wie oft messen Sie selbst Ihren Blutdruck?
- ◆ Wie oft – wie oft – wie oft ...

Wie ersichtlich, zielen die meisten dieser einfachen alltäglichen Rituale auf den jeweiligen körperlichen Zustand und auf die persönliche Eitelkeit ab.

Die drei Vereinfacht ausgedrückt, könnte man behaupten, daß
»Zwänge« es dreierlei »Zwänge« gibt in unserem Leben, die wir uns
in unserem selbst auferlegen:
Leben
- ◆ Der Zwang, makellos schön, selbstsicher und erfolgreich zu sein.
- ◆ Der Zwang, eine »eiserne Gesundheit« zu haben.
- ◆ Der Zwang, dem Tod jederzeit ins Auge schauen zu können.

Damit ist das lähmende Stadium der Angst noch lange

nicht erreicht, denn es gibt auch die esoterischen Rituale der Furcht:
- Wie oft sprechen Sie ein »Stoßgebet« während des Tages aus?
- Wie oft bekreuzigen Sie sich dreimal?
- Wie oft drücken Sie auf ein Amulett oder einen Talisman in Ihren Händen?
- Wie oft richten Sie den Blick anklagend gegen den Himmel?
- Wie oft besuchen Sie die »heilige Messe«?
- Aus welchen Gründen besuchen Sie die heilige Messe?
- Wie oft gehen Sie zur »heiligen Beichte«?
- Warum gehen Sie zur heiligen Beichte?
- Wie oft betreiben Sie Gewissenserforschung?
- Wie oft schlagen Sie sich auf die eigene Brust: »mea culpa – mea culpa – mea maxima culpa«?
- Wie oft – wie oft – wie oft ...

Die Hauptgründe dafür, sich diesen oder ähnlichen Ritualen religiöser Systeme zu unterwerfen, sind:

Rituale ...

- Die Gewissensberuhigung: Die meisten der oben angeführten Rituale dienen dazu, unser Gewissen in Ruhe zu halten. Das Bewußtsein, alles Notwendige für einen normal geregelten Tagesablauf unternommen zu haben, schafft das Gefühl einer seelischen Ausgeglichenheit.

... zur Gewissensberuhigung

Ein gutes Gewissen ist ein sanftes Ruhekissen.
(Binsenweisheit)

- Die Bekämpfung von Schuldgefühlen: Versteckte oder offene Schuldgefühle können einem das Leben zur Hölle machen. Von frühester Kindheit an sind sie unsere ständigen Weggefährten. Schuldgefühle machen krank!

... gegen Schuldgefühle

»Dir kann auf deinem Wege nichts zum Schaden gereichen, außer der Furcht vor den hemmenden

Kräften der Schuld – und diese hemmenden Kräfte wieder werden allein aus deiner Furcht geboren.«
(BO YIN RA, Das Buch vom lebendigen Gott)

... aus Scheinheiligkeit

◆ Die Scheinheiligkeit: Auch sie ist eine magische Kraft, die unsere besten Kräfte lähmt. Der Drang nach der »weißen Weste« bildet weit öfter die Motivation für unser Handeln, als wir es wohl für möglich halten würden. Will man mit der Furcht umgehen lernen, ist es daher notwendig, auch in dieser Hinsicht immer wieder Gewissenserforschung zu betreiben.
»Eher noch suche Schuld und Sünde – doch hüte dich vor dem Willen zur Heiligkeit!«
(BO YIN RA, Das Buch vom lebendigen Gott)

Die körperlichen Phänomene der Angst

Der Körper lügt nicht!

Die Angst ist ein Phänomen, das in den Gedanken, in den Vorstellungen beginnt und dann auf die Seele übergreift. Begleitet wird dieser dynamische Prozeß von verschiedensten körperlichen Reaktionen. Diese laufen zu Anfang unbemerkt ab und dringen erst allmählich in unser Bewußtsein. Nämlich dann, wenn sie sich unangenehm bemerkbar machen.
Solange wir kein »Herzklopfen« spüren, wissen wir gar nicht, daß wir ein Herz haben. Solange wir kein Magendrücken oder Sodbrennen spüren, wissen wir gar nicht, daß wir einen Magen haben. Solange wir keine Übelkeit auf bestimmte Nahrungsmittel spüren, wissen wir gar nicht, daß wir ein kompliziertes Leber-Galle-Bauspeicheldrüsen-System haben usw. Unser Organismus ist so konstruiert, daß er im Normalfall seine Leistungen unbemerkt vollführt. Die Organe arbeiten – unter Leitung des vegetativen Nervensystems – perfekt zusammen. Lediglich die zum Weiterbestehen der lebenswichtigen körperlichen Funktionen erforderlichen Signale werden uns bewußt gemacht.

Jedes auffällige körperliche SYMPTOM ist immer als REAKTION auf einen äußeren oder inneren Reiz zu werten. Wenn dieser Reiz eine gewisse Barriere, genannt »Reizschwelle«, übersteigt, kommt es zur Ausbildung eines Symptoms. Wenn mehrere Symptome andauernd und gleichzeitig auftreten, spricht man von einem SYNDROM.

Symptom und Syndrom

Landläufig ausgedrückt heißt das:

Die körperlichen Phänomene der Angst

- ◆ Ein Symptom ist eine Befindensstörung;
- ◆ ein Syndrom ist eine Krankheit oder ein Leiden.

Das schließt nicht aus, daß ein einzelnes Symptom nicht auch schon eine Krankheit signalisieren kann; umgekehrt kann auch ein Syndrom noch als normale Körperreaktion ohne Krankheitshintergrund gewertet werden. Das kommt letztlich auf die Intensität der Einzelsymptome an.

Von der Angst zur Krankheit

Vom Standpunkt der »Angst-Physiologie« her gesehen – also von den Auswirkungen der seelischen Angst auf die Körperfunktionen –, könnte man gewissermaßen von einem 5-Stufen-Ablauf sprechen:

Stufe 1: Normale Körperfunktionen;
Stufe 2: »vegetative Dystonie«;
Stufe 3: akute oder subakute Furcht-Panik-Attacke;
Stufe 4: chronisches Angstsyndrom;
Stufe 5: Entgleisung der lebenswichtigen Körperfunktionen, Koma – Tod.

Stufe 1: Normale Körperfunktionen

Die Körperfunktionen laufen so ab, daß sie uns nicht bewußt werden.

Normale Reaktionen

Hunger: Dieses Signal ergeht immer dann, wenn der Blutzuckerspiegel unter einen Grenzwert abgesunken ist, der von Mensch zu Mensch verschieden ist und der sich im Lauf des Lebens immer wieder ändert.

Durst: Hier ist ein Mechanismus maßgeblich, der das Verhältnis zwischen Wasser und Kochsalz im Körper reguliert. Ist dieses Verhältnis zugunsten des Kochsalzes verschoben, so bekommen wir Durst, bei zu hohem Wasseranteil müssen wir urinieren.

Stuhlgang: Entscheidend ist hier der Füllungszustand der unteren Dickdarmabschnitte, vor allem des Enddarmes. Über Nervenrezeptoren wird eine »Überfüllung« signalisiert und so der Stuhldrang ausgelöst.

Urinieren: Diese Funktion steht – wie oben erwähnt –

in Einklang mit dem Kochsalz-Wasser-Verhältnis im Körper.
Monatsblutung: Ausgelöst wird diese Funktion durch ein periodisches, hormonell gesteuertes Absinken des Progesteronspiegels (Gelbkörperhormon).
Schlaf-Wach-Rhythmus: Die Hormone der Zirbeldrüse (Epiphyse) regulieren, kongruent mit dem Tag-Wach-Rhythmus, die Einschlaf- und Aufwachphasen im Körper.

Stufe 2: Die »vegetative Dystonie«

Sie ist ein Sammelbegriff für die Reaktionen des Organismus auf Anforderungen von außen und von innen. Sie ist meist noch nicht mit Schmerzen oder anderen manifesten klinischen Symptomen verbunden, die auch entsprechend klinisch nachweisbar wären. — **Vegetative Dystonie**

Von Kopf bis Fuß:
- Heißer Kopf oder kalter Kopfschweiß: Erstreaktion auf leichte Parasympathicus-Übererregung (heiß – Gefäßerweiterung) oder Sympathicus-Übererregung (kalt – Gefäßverengung); meist in Verbindung mit heißen oder kalten Händen und Füßen
- Augentränen: Vermehrte Tränenproduktion
- Trockene Augenbindehäute: Verminderte Tränenproduktion
- Augenflimmern: Unkoordinierte Augenmuskeltätigkeit
- Ohrenrauschen: Vorübergehende Verengung oder Erweiterung der Innenohrgefäße
- Vermehrte Produktion von Ohrenschmalz; meist in Verbindung mit vermehrter Talgabsonderung
- Verstärkter Speichelfluß
- Mundtrockenheit
- Zungenbelag: Meist in Verbindung mit Dysfunktion der Bauchorgane

Die körperlichen Phänomene der Angst

- Nasenrinnen: Vermehrtes Nasensekret
- Belegte Stimme: Schleimauflagerungen auf den Stimmbändern
- Räuspern: Schleimauflagerungen im Rachenraum
- Hüsteln: Schleimauflagerungen in der Luftröhre und in den großen Bronchien
- Herzklopfen: Beschleunigung des Herzschlages. Übererregung des »Herz-Sympathicus«
- Luftaufstoßen und Sodbrennen: Gasansammlungen im Magen und vermehrte Magensäureproduktion, Gärungsbelastung
- Schluckauf: Übererregung des Zwerchfellnervs
- Blähungen: Gasansammlungen im Dickdarm. Gärungs- und Fäulnisbelastung
- Weicher Stuhl oder Durchfall: Beschleunigte Darmentleerungen infolge Infektion oder Parasympathicus-Übererregung
- Häufiges Urinieren: Störung im Wasser-Kochsalz-Haushalt
- Verstärkte Monatsblutung: Hormonelle Dysregulation
- Ausbleibende Monatsblutung: Hormonelle Dysregulation
- Ausfluß aus der Scheide: Vermehrte Schleimabsonderung, Infektion
- Smegmabildung: Vermehrte Schleimabsonderung unter der Penis-Vorhaut

Allgemeinsymptome:

- Vermehrter Hunger: Störung des Kohlenhydratstoffwechsels
- Apptetitlosigkeit: Magen-Darm-Störung
- Vermehrter Durst: Störung im Wasser-Kochsalz-Haushalt
- Vermindertes Durstgefühl: Störung im Wasser-Kochsalz-Haushalt
- Schwitzen: Vermehrte Schweißproduktion durch vegetative Störung
- Zittern: Übererregung des Sympathicus

Die »vegetative Dystonie«

- ◆ Heiße oder kalte Hände und Füße: Vegetative Störung
- ◆ Subfebrile Temperaturen: Leichte Erhöhung der Körpertemperatur durch geschwächtes Immunsystem
- ◆ Nervosität
- ◆ Schlafstörungen

Es sei noch einmal festgehalten, daß diese etwas banal aussehende Aufzählung die »vegetativen Erstreaktionen« auf leichte Angstreize darstellen. Zumeist treten sie mehrheitlich gleichzeitig auf. Es versteht sich von selbst, daß eine Reihe von anderen Ursachen für jedes einzelne dieser Symptome möglich ist. Wenn man mehr als 50 Prozent der genannten Symptome an sich entdeckt, liegt der Verdacht nahe, daß man in einer latenten Angstsituation lebt. Es wäre auch hier bereits eine Gewissenserforschung im früher gemeinten Sinn anzuraten, um einer eventuellen Eskalierung der Situation vorzubeugen.

Die »vegetative Dystonie« ist eine Situation des »noch nicht krank« und »nicht mehr ganz gesund«. Grund genug, hier besonders wachsam zu sein und allenfalls bereits Gegenmaßnahmen zu ergreifen.

Das Erste-Hilfe-Programm gegen die vegetative Dystonie: Die vegetative Dystonie wird in medizinischen Fachkreisen und auch seitens der Umwelt bei einem Menschen mitunter zu wenig ernst genommen, und der Patient wird oft als Hypochonder oder eingebildeter Kranker eingestuft.

»Das sind nur die Nerven.« – »Das bildest du dir nur ein.« – »Reiß dich zusammen.« – »Nimm dich nicht so ernst.« – »Andere haben auch Probleme.«

Das sind so die Standardaussagen, die der Leidtragende nach einiger Zeit zu hören bekommt. Sie sind allerdings auch immer Ausdruck der Ratlosigkeit der Betreffenden, die diese Aussagen tätigen. Das gilt für Ärzte, Verwandte und Freunde gleichermaßen. Wenn sich also die ge-

Erste Hilfe gegen vegetative Dystonie

Die körperlichen Phänomene der Angst

nannten Symptome mehrheitlich und gemeinsam über einen längeren Zeitraum hin zeigen, sollten aktiv Gegenmaßnahmen ergriffen werden. Es ist Gefahr im Verzug, und es liegt der Verdacht nahe, daß der Betroffene sich in einer »latenten Angstphase« befindet. Der Begriff Angst soll und darf hier nicht als Ausrede gelten, sondern als Erklärungsversuch und als Anstoß, die Hintergrundursachen für die körperlichen Phänomene vorerst nicht nur im körperlichen, sondern auch im mental-seelischen Bereich zu suchen, zumal in diesem »Stadium« klinisch faßbare körperliche Fehlfunktionen fast nie nachgewiesen werden können.

Die vegetative Dystonie ist ein Übergangsstadium, in dem sich ein »labiles Gleichgewicht« zwischen latenter seelischer Angst und körperlicher Reaktion eingependelt hat. In einigen Fällen wird aus dem labilen ein stabiles Gleichgewicht, das heißt, daß die Betroffenen über Jahre in einem chronischen Stadium des Unwohlseins zubringen, ohne daß ihnen jemand helfen kann. Bis dann plötzlich – zumeist durch einen seelischen Schock – eine Panikattacke ausbricht, die dann in das nächste Stadium, das bereits durch manifeste körperliche Beschwerden gekennzeichnet ist, überleitet. Umso wichtiger ist es, so lange den Ursachen der vegetativen Dystonie (die zumeist im Angstbereich zu suchen sind), hartnäckig auf den Grund zu gehen, bis sie definitiv gefunden sind.

Ein nächtlicher Vorfall ...

Vegetative Dystonie hat immer eine Ursache! Dazu ein typisches Beispiel aus der Praxis:

Hermann K., 45 Jahre alt, Bankbeamter, verheiratet, 2 Kinder. Er wacht eines Nachts schweißgebadet auf, sein Puls rast, er spürt einen heftigen Druck in der Brust und glaubt zu ersticken. Sein erster Gedanke – Herzinfarkt. Er springt aus dem Bett, reißt das Fenster auf, atmet mehrmals tief durch, worauf sich sofort wieder Erleichterung einstellt und die Todesangst langsam von ihm weicht. Noch in der gleichen Nacht läßt er sich von seiner Frau

Die »vegetative Dystonie«

in die Herzstation fahren, wo ein EKG angefertigt wird, das völlig normale Werte zeigt. Auf der Rückfahrt fühlt er sich bereits wieder wie gewohnt, bereit »Bäume auszureißen«. In den nächsten Tagen kehren seine Gedanken immer wieder zu dem nächtlichen Ereignis zurück. Er grübelt nach den Ursachen und als erstes fällt ihm ein, daß er am Abend vorher mit Freunden ein sehr opulentes Mahl zu sich genommen hat. Ob dies die Ursache gewesen sein mag? Er kommt nicht so recht dahinter. Je länger er nachdenkt, desto mehr Details, sein Wohlbefinden betreffend, werden ihm bewußt. Und da er ein sehr methodischer Mensch ist, legt er gleich einmal eine genaue Liste seiner »leisen« Beschwerden an.

Er war schon die Tage zuvor, immer wieder mit Herzklopfen und schweißnaß, aufgewacht. Er hatte sich die letzten Wochen – eigentlich Monate – abnorm müde gefühlt. Er hatte überdurchschnittlich häufig Sodbrennen und Luftaufstoßen. Seine Zunge war zuletzt häßlich graugelblich belegt gewesen; mit einem üblen Mundgeschmack und – es fällt ihm wieder ein – nach Aussagen seiner Frau auch mit üblem Mundgeruch. Dazu die ständigen Blähungen, das endlose Räuspern und Hüsteln am Morgen – obwohl Nichtraucher. Schließlich denkt er noch an seine endlosen Rückenverspannungen und an seine Gelenke, die samt und sonders immer steifer zu werden scheinen.

... hat eine unbemerkte Vorgeschichte

Alles in allem kann er sich trotzdem keinen Reim machen, und so bleibt ein Stachel in seinem Fleisch zurück, der Stachel Herzinfarkt. Sehr zu seinem eigenen Ärger beginnt er sich von nun an, genau zu beobachten. Er kauft einen Blutdruckapparat zur Selbstmessung, den er mindestens zweimal täglich verwendet. Er ertappt sich immer wieder dabei, daß er ohne Grund seinen Puls fühlt.

Nach ein paar Wochen stellt er resignierend fest, daß aus ihm ein anderer Mensch geworden ist. Das kraftstrotzende Energiebündel von einst, das der »Welt mehrere Löcher gerissen hat«, hat sich verwandelt in ein ängstliches,

... und dramatische Folgen

nahezu schüchternes Wesen, das jeden Schritt dreimal überlegt und jede körperliche Anstrengung scheut. Er, der früher »Ziegelsteine vertragen« hat, ist nun übervorsichtig genau bei der Auswahl seiner Diätspeisen, daß sie nur ja »leicht« genug seien. Zudem ängstigt ihn, daß er immer mehr an Gewicht verliert (daß dies durch die veränderten Ernährungsgewohnheiten bedingt sein könnte, kommt ihm nicht in den Sinn). Und dann und wann kann er sich nicht wehren gegen den aufkeimenden Gedanken – Krebs?! Wenigstens hat das nächtliche Herzklopfen aufgehört und ist nicht mehr wiedergekommen.

Um die Sache nicht unnötig in die Länge zu ziehen: Herrn Hermann K. ist geholfen worden, und er ist heute wieder ein normal empfindender, gesunder Mensch. Er wurde auf die dringende Verdachtsdiagnose »Herzangst« hingewiesen und war klug genug, diese auch vor sich anzuerkennen. Es ist dies ein realistisches Beispiel dafür, wie aus einer, vorerst rein körperlich bedingten Unpäßlichkeit, genannt »Dysenterie« (Sammelbegriff für alle essensbedingten Verdauungsstörungen), eine manifeste vegetative Dystonie werden kann. Ohne die entsprechende menschliche Einsicht des Hermann K., genannt »Hausverstand«, hätte sich aus dieser »klassischen« vegetativen Dystonie durchaus eine manifeste Herzkrankheit entwickeln können.

Stufe 3: Die »Panikattacke«

Panikattacke Die klassische Panikattacke läuft immer nach dem gleichen Schema ab. Sie entspricht der sogenannten Alarmreaktion während einer Streß-Situation.
Diese akute Erstreaktion läuft wie schon früher erwähnt in zwei Phasen ab:
◆ Phase 1 – »Sympathicus-Phase«: Aktivierung sämtlicher für Abwehr- und Flucht erforderlichen körperlichen Mechanismen.

Die »Panikattacke«

- Phase 2 – »Parasympathicus-Phase«: Gegenregulatorische Körperreaktion zur Regeneration nach der energieaufwendigen Phase.

Diese beiden Phasen treten immer gemeinsam – wenn auch zeitlich versetzt – auf. Einem Energieverbrauch (Phase 1) muß immer eine neuerliche Energiebereitstellung (Phase 2) folgen. Wenn Phase 1 immer wieder in Gang gehalten wird, kommt es allmählich zum Verbrauch der Energiereserven, zur Erschöpfung, und aus der verlängerten Panikattacke wird das »chronische Angstsyndrom«. Darüber später mehr.

Die Kardinal-Symptome der Panikattacke sind die der Phase 1 (Sympathicus- oder Alarmphase):
- trockener Mund,
- blasse Hautfarbe und Gänsehaut (»die Haare sträuben sich«),
- kalter Schweiß,
- kalter Kopf,
- kalte Hände und Füße,
- rascher bis rasender Puls, mit gelegentlichen Rhythmusstörungen,
- vertiefte Atmung,
- starre bis steife Muskulatur.

Symptome einer Panikattacke

In dieser Phase wird der Organismus – über die Sinnesorgane – in Alarmbereitschaft versetzt und alles zur Abwehr oder Flucht vorbereitet. Wenn die Gefahr vorüber ist, wird die Regeneration der verbrauchten Kräfte in Angriff genommen.

Die Symptome in der Phase 2 (Parasympathicus- oder Regenerationsphase
- Vermehrter Speichelfluß,
- verstärkte Hautrötung,
- heißer Kopf,
- heiße Hände und Füße,
- verlangsamter Puls mit gelegentlichen Rhythmusstörungen,

- flache Atmung,
- Muskelerschlaffung, Schwächegefühl,
- Zittern am ganzen Körper,
- vermehrter Harndrang,
- vermehrter Stuhldrang.

Im Normalfall werden beide Phasen in rascher Abfolge überwunden, im Zeitraum von wenigen Minuten – im Extremfall auch erst innerhalb mehrerer Stunden. Es können diese Phasen auch mehrmals hintereinander ablaufen, wie die Wiederholung eines Films, ohne daß dem Körper Schaden zugefügt wird.

Die seelische Aufarbeitung einer Attacke ist wichtig

Von entscheidender Bedeutung ist jedoch die »seelische Aufarbeitung« eines derartigen Ereignisses (siehe das Beispiel des Hermann K.). Manche Menschen können anschließend weiterleben, als ob nichts gewesen wäre, manche »kiefeln« noch einige Wochen daran, und einige wenige schlittern in das »chronische Angstsyndrom« hinein. Sie sind dann nicht fähig, die Angst wieder abzuschütteln, sie unterliegen ihrer magischen Kraft, die durch ihre eigenen, ständig wiederkehrenden Gedanken genährt wird.

In vielen Fällen hinterläßt die Panik-Attacke eine vegetative Dystonie, die vorher nicht vorhanden war, und die auch, infolge der unzähligen Vielfalt ihrer Symptome, enorm schwierig zu erkennen ist und über Jahre hinweg aus manchen Menschen einen »halben Menschen« macht, auch wenn er, klinisch gesehen, völlig gesund ist. Auch hier gilt also:

Schonungslose Angst-Analyse, so oft und so lange, bis eine plausible Ursache gefunden ist. Im Anschluß an eine Panikattacke meldet sich oft eine »Schwachstelle« im Körper. Sie betrifft in zwei Drittel der Fälle das Herz-Kreislauf-System (beim A-Typ) und das Verdauungssystem (beim B-Typ). Alle weiteren Beschwerden sind als Randerscheinungen zu werten, die zumeist in Zusammenhang mit den Hauptsymptomen stehen.

Stufe 4: Das »chronische Angstsyndrom«

Chronisches Angstsyndrom heißt immer – chronische Krankheit, chronisches Leiden. Es gibt keine chronische Krankheit ohne Angst – aber auch chronisch Kranke können die Angst überwinden!
Es gibt chronische Krankheiten, die von der Angst richtiggehend diktiert werden: Der Patient spürt die volle Tragweite seines Leidens. Er spürt ständig die Auswirkungen, wie Schmerzen, Übelkeit, Atemnot, Verdauungsstörungen usw. Die Angst verstärkt seine Symptome und hält sie am Leben. Er gerät richtiggehend in eine »Angst-Selbst-Hypnose«, die auch die Möglichkeiten, ihm zu helfen, entscheidend einschränkt. Die Angst-Selbst-Hypnose – man könnte auch »Angst-Krampf« dazu sagen – macht ihn allmählich blind für alle Hilfsversuche von außen. Er lebt ohne Selbstvertrauen und ohne jede Hoffnung. Das mangelnde Selbstvertrauen raubt ihm auch das Vertrauen zu anderen hilfswilligen und wohlmeinenden Mitmenschen.
Er heischt nur mehr nach Mitleid. Jeden, der ihm kein Mitleid entgegenbringt, stuft er als herzlos, gefühlsroh und verständnislos ein – und verachtet ihn. Die Mehrzahl der alten Menschen verleben ihre letzten Jahre in diesem Zustand der Verbitterung, nur weil sie nicht erkennen können oder wollen, daß das Leid nur eine Vortäuschung falscher Tatsachen ist; daß es nicht auf das Leiden selbst ankommt, sondern auf die innere Einstellung – die man diesem Leiden entgegenbringt!

Mitleid vermehrt das Leid!
Es gibt aber auch die sehr kleine Gruppe der »positiven« chronisch Kranken. Auch sie leiden unter oft schwersten Krankheiten, sind mitunter an den Rollstuhl gefesselt oder bettlägrig und strahlen trotzdem eine innere Ruhe und Zuversicht aus, von der sogar ihre Umgebung zehren kann. Sie haben auf irgendeine Weise ihre Angst

Die körperlichen Phänomene der Angst

Angst und Schmerz können gebändigt werden

überwunden und durch deren Gegenpol, die Zuversicht, ersetzt.

Es gibt unzählige physiologische und psychologische Studien, die – etwa im Zusammenhang mit der Schmerzforschung – besagen, daß für den Grad der subjektiven Schmerzempfindung die Aufmerksamkeit von entscheidender Bedeutung ist. Aus einem kleinen Schmerz kann ein Schmerz-Syndrom werden, wenn man sich entsprechend mit ihm beschäftigt; aus einem chronischen Schmerz kann eine nichtige körperliche Unpäßlichkeit werden, wenn es gelingt, ihm möglichst wenig Aufmerksamkeit zu schenken. Das klingt übertrieben, ist aber pure Tatsache, die jeder an sich ausprobieren kann.

Voraussetzung ist natürlich das Vorhandensein eines chronischen Schmerzzustandes. Er ist der »Reibebaum«, das Schulungszentrum für das Aufmerksamkeitstraining. Die zweite entscheidende Voraussetzung ist aber die Anerkennung der oben genannten Tatsachen. Es sei allen Schmerz- und Leidtragenden noch einmal versichert, daß es für die Richtigkeit dieser Behauptungen unzählige Beweise gibt.

Stufe 5: Koma – Tod

Sie bedeutet das unabänderliche Schicksal, das uns frühzeitig erreichen kann, wenn wir die Vorbedingungen, wie sie in Stufe 1 bis 4 dargestellt sind, in letztlich selbstschädigender Weise erfüllen. Sie bedeutet Siechtum und Tod.

Aber auch diesem scheinbar unabwendbaren Schicksal kann man entkommen ...

Das Leben ist der Schlaf,
Das Sterben ist das Erwachen,
Der Tod ist das Leben...

Die Lösung aus der Angst

Die Angst muß mit Hilfe der Zuversicht aufgelöst werden!
Die drei Grundsätze des menschlichen Lebens lauten: Erkennen – Erfassen – Erlösen.

Versuchen wir einmal anhand konkreter Beispiele, die genannten Alltagsängste, die uns vielfach das Leben schlicht zur Hölle machen, uns jede Lebensfreude nehmen können, in den Griff zu bekommen. Es sind ja zumeist nicht die wirklich schweren und großen Probleme, sondern es sind viel häufiger die Kleinigkeiten – die alltäglichen kleinen Ängste –, die uns die Lebensfreunde nehmen.

- ◆ Zuallererst fehlt diese Lebensfreude;
- ◆ dann überfällt uns die Depression;
- ◆ dann versuchen wir oft mit untauglichen Mitteln (mit Alkohol oder »psychotropen« Medikamenten u. dgl.), der Depression zu entkommen;
- ◆ dann beginnen wir unsachliche Fragen nach der Sinnhaftigkeit des Lebens zu stellen;
- ◆ im Extremfall schleichen sich dann heimtückische Selbstmordgedanken heran und verseuchen unsere Seele wie ein tödlicher Virus.

Abstieg in die Angst

Um diesen verderblichen lebensfeindlichen Tendenzen vorzubeugen, muß man folgende Regeln beachten:

1. Man muß den Dingen ins Auge sehen; d. h. man muß sich selbst schonungslos eingestehen, daß man Angst hat! Das ist vielleicht der wichtigste Schritt überhaupt. Wer kennt schon einen Menschen – kennst Du jemanden? –, der sich selbst und anderen gegenüber bekennen würde: »Ja, ich habe Angst«?! Mit diesem Eingeständnis wäre das Problem aber bereits zur Hälfte gelöst!

Regeln gegen die Angst

Die Lösung aus der Angst

2. Man muß in voller Selbstaufrichtigkeit erkennen wollen, wovor man wirklich Angst hat!
3. Man muß die Quellen dieser Ängste – zumeist sind es ja mehrere – dokumentieren; also sie im Detail niederschreiben, sie auf Tonband oder Videoband sprechen usw.
4. Man muß, ebenso detailliert, Argumente gegen seine Ängste finden.
5. Man muß diese Gegenargumente in der gleichen Form dokumentieren.
6. Man muß eine Strategie entwickeln, um aus dem Angstdilemma zu entkommen.

Die Negativliste

Zwei Listen gegen die Angst

Erstellen Sie zunächst einmal bewußt eine Horrorliste Ihrer Ängste. Formulieren Sie das Allerschlimmste, das Ihnen in Ihrer Situation widerfahren könnte.

Versuchen Sie, Ihre Horrorvisionen möglichst detailgetreu – ja sogar überspitzt – darzustellen. Allein dadurch kann es schon vorweg gelingen, der Angst ihre Stacheln zu nehmen.

Ja, man soll sogar versuchen, die Angstsituation ins Absurde und Groteske zu transferieren.

Mit anderen Worten gesagt:

Man muß die Angst lächerlich machen!

Es werden in den einzelnen Angstkapiteln jeweils mehrere diesbezügliche Vorschläge gemacht werden ...

Die Positivliste

Danach folgt Schritt zwei – die Positivliste: In der müssen Sie jede Ihrer Detailängste gewissermaßen mit logischen Argumenten »in Luft auflösen«! Sie müssen ihr den Boden unter den Füßen entziehen!

Noch einmal gesagt – unsere Gedanken sind Kräfte, die uns ins Verderben ziehen oder aber auch erlösen können.

Angst vor Krebs

Dazu zwei Beispiele:

Beispiel 1: Die Angst vor Krebs

Die Lösung aus der Angst

Wenn Sie Angst vor dem »Leiden der Leiden«, dem Krebs, haben, so halten Sie folgende Fakten fest:
Negativliste:
- Ich habe einen unheilbaren Krebs in mir, der meinen Körper unvermerkt und unaufhaltsam zerfrißt.
- Ich werde unsägliche Schmerzen und Qualen erleiden.
- Ich werde an diesen Qualen jämmerlich zugrunde gehen.
- Es gibt keine Rettung für mich.

Positivliste:
- Ich habe keinerlei Beweise, daß diese Behauptungen richtig sind.
- Ich fühle mich körperlich vollkommen wohl.
- Alle meine klinischen Daten sind vollkommen in Ordnung.
- Ich bin bei gutem Appetit.
- Ich glaube nicht daran, daß Krebs erblich ist.
- Ich kann meinen Körper bewußt bei guter Gesundheit erhalten und alles tun, um dem Krebs vorzubeugen.

Selbstverständlich ließen sich beide Listen nach Belieben erweitern. Entscheidend für diesen Ablauf ist jedoch, sich die jeweiligen angsterzeugenden und angstlösenden Vorgänge möglichst detailgetreu und bildhaft vorzustellen.

Beispiel 2: Die Angst vor der Zukunft

Angst vor der Zukunft

Die Angst vor der Zukunft besteht in der undefinierten Angst vor der Unbeeinflußbarkeit des eigenen Schicksals. Die philosophische Wissenschaft bezeichnet das als »Fatalismus«.
Negativliste:
- Mein Schicksal ist so und so vorgegeben.
- Ich kann nichts daran ändern.
- Die Beispiele meiner Eltern und Großeltern bestärken mich in meiner Annahme.

Die Lösung aus der Angst

- Es ist sowieso alles gottgewollt.
- Gott ist der Richter und der Rächer.
- Jeder Mensch hat sein Karma, dem er nicht entrinnen kann.
- Ich versuche halt das Beste aus meinem Leben zu machen, es wird mir aber kaum gelingen.

Positivliste:
- Ich kann sehr wohl mein künftiges Schicksal positiv gestalten.
- Ich bin Herr über mein Schicksal.
- Die Beispiele meiner Eltern und meiner Großeltern zählen für mich nicht.
- Ich kann und werde meine Kräfte und Fähigkeiten dafür einsetzen, meine Zukunft so erfolgreich wie möglich zu gestalten.
- Ich werde mir mein Glück selbst schaffen.

»Glück ist die Befriedigung des Schaffenden an seiner Schöpfung.«
(BO YIN RA, Das Buch vom Glück)

Angst in Worte fassen

Von entscheidender Bedeutung scheint es zu sein, die Angst in Worte zu fassen und die formulierte Angst vor seinen Augen zu haben. Damit wird sie ihrer Anonymität entkleidet, sie wird gewissermaßen bloßgestellt. Und nichts verträgt die Angst schlechter als die Bloßstellung.

Die Angst kleidet sich nämlich gerne in Masken, um uns in die Irre zu führen. Sie gaukelt uns eine scheinbare Glückseligkeit vor, nur um uns in ihrem Bann zu halten. Darin besteht ihre magische Macht. Sie verleitet uns zur Selbstlüge.

»Nie belügt sich der Mensch mehr, als wenn er die Gründe für sein Handeln vor sich selbst erklären will.«
(BO YIN RA)

Die Lösung aus der Angst

Dazu ein Beispiel:
Barbara S., Handelsangestellte, alleinstehend, keine Kinder, wechselnde Partnerschaften. Nach ihren eigenen Angaben führt sie ein »freudloses Dasein«, das sie durch zwanghaftes und anfallsartiges Vielessen versüßt und verschönt. Als Begründung gibt sie an, in einer psychologischen Zeitschrift gelesen zu haben, daß »Essen gegen Depressionen hilft«. Es ist ja nun tatsächlich so, daß Essen – allein der Vorgang des Essens – seelische Mißstimmungen abbauen kann.
In diesem Fall dient das Essen als Mittel gegen die Lebensangst. Es dient als Vorwand, um das eigene schlechte Gewissen durch sogenannte Notwendigkeiten zu beruhigen.

Falsche Notwendigkeiten

> *Ein leerer Sack steht nicht.*
> (Sprichwort)

Die Lösung aus der Angst kann Dir also nur gelingen, wenn Du mit schonungsloser Ehrlichkeit vor Dir selbst ihre Herkunft erforschst, ihre Wurzeln ausgräbst und durch logische Gedanken zur Auflösung bringst.

Ängste sind Kräfte, die durch unsere eigenen Gedanken genährt werden.

Das körperliche Universalprogramm gegen die Angst

Übungen gegen die Angst

Es klingt wohl äußerst unwahrscheinlich, ist allerdings pure Realität: Man kann einen Großteil der aufkeimenden Panik oder Angst durch geeignete körperliche Maßnahmen zumeist sofort neutralisieren! Das dazu erforderliche, einfache Programm besteht aus drei Schritten:
- Gezielte Körperübungen,
- allgemeine Muskelentspannung,
- Anti-Angst-Atmung.

Die Körperübungen

Gezielte Körperübungen

Wer sich selbst einmal beobachtet, wie sein Körper auf Schreck, Panik oder Angst reagiert, wird feststellen, daß die allererste Reaktion immer die Muskulatur betrifft. Wir pressen die Arme an den Brustkorb, wir ziehen den Kopf zwischen die Schultern, wir beißen die Zähne zusammen und wir spannen den Beckenboden.

Die Muskelgruppen, die vornehmlich reagieren, sind also:
- Die Kaumuskulatur,
- die Nackenmuskulatur,
- die Zwischenrippenmuskulatur,
- das Zwerchfell und
- die Beckenbodenmuskulatur.

Es gilt daher, durch gezielte Körperübungen diese typischen Verspannungen zu lösen.

Die Körperübungen

Die Kaumuskulatur — **Kaumuskulatur**
Alle Übungen zur Kaumuskulatur sollten vor dem Spiegel vollführt werden.
Übung 1: Gähnen.
Gähnen Sie mehrmals nach Herzenslust und nach allen möglichen Richtungen. Vorsicht: Allzu exzessives Gähnen bringt die Gefahr einer Verrenkung des Kiefergelenkes mit sich!
Übung 2: Kauen.
Vollführen Sie für einige Zeit übertriebene imaginäre Kaubewegungen. Eine durchaus sinnvolle Tätigkeit kann in diesem Zusammenhang auch das Kaugummikauen sein. Allein die Kaubewegungen – das haben psychologische Untersuchungen gezeigt – bewirken schon auf geheimnisvolle Weise eine Angstlösung.
Übung 3: Grimassieren.
Ziehen Sie nach allen Seiten die absurdesten Grimassen, die Ihnen in den Sinn kommen, und sehen Sie sich dabei im Spiegel an.
Übung 4: Selbstmassage der Kaumuskeln.
Massieren Sie mit den Fingerspitzen beidseitig, mit kreisenden Bewegungen, Ihre Kaumuskeln.

Die Nackenmuskulatur — **Nackenmuskulatur**
Zur Lösung von Verspannungen im Nacken genügen im allgemeinen zwei einfache Übungen:
Übung 1: Kopfdrehung.
Drehen Sie den Kopf aufrecht abwechselnd nach rechts und nach links. Beginnen Sie mit 20 Drehungen nach jeder Seite und steigern Sie allmählich auf 50; so oft und so lange, bis es Ihnen gelingt, mit der Kinnspitze den Schulterrand zu berühren.
Übung 2: Armkreisen.
Kreisen Sie abwechselnd mit beiden Armen zuerst nach vorn und dann in die Gegenrichtung. Beginnen Sie ebenfalls mit je 20 Kreisbewegungen und steigern Sie allmählich auf je 50, so daß Sie insgesamt auf 200

Kreisbewegungen kommen. Achten Sie darauf, den Arm möglichst weit nach hinten zu bewegen, damit sämtliche Muskeln des Schultergürtels und des Brustkorbes gedehnt werden.

Zwerchfell

Das Zwerchfell
Das Zwerchfell wird am besten durch geeignete Atemübungen mobilisiert (siehe weiter unten).

Beckenbodenmuskulatur

Die Beckenmuskulatur
Zur Lösung von Verspannungen der Beckenbodenmuskulatur genügt eine einzige Übung:
Ziehen Sie die Aftermuskulatur rhythmisch zusammen; pressen Sie dabei die Gesäßbacken fest zusammen. Danach wieder entspannen. Beginnen Sie auch hier mit 20 Wiederholungen, und steigern Sie allmählich auf 50. Machen Sie die Probe aufs Exempel!

Die Muskelentspannung

Allgemeine Muskelentspannung

Dazu eignet sich am besten die altbewährte Methode der »progressiven Muskelrelaxation« (nach JACOBSON). Sie beruht auf folgendem Prinzip: Es werden jeweils einzelne Muskelgruppen gleicher Funktion mehrere Sekunden lang fest angespannt und hinterher bewußt gelockert.
Den meisten Menschen fällt es sehr schwer, bewußt zu entspannen. Um diesen Vorgang zu erleichtern, bedient man sich des Hilfsmittels der vorhergehenden Anspannung.

Die einzelnen Übungen

Praktische Durchführung
Legen Sie sich in einem abgedunkelten, gut beheizten Raum flach auf den Rücken, wobei die Unterlage nicht zu weich sein sollte. Sorgen Sie dafür, daß Sie in den folgenden 30 Minuten nicht gestört werden, und begin-

Die Muskelentspannung

nen Sie mit den Übungen. Der Ablauf ist dabei immer der gleiche: Anspannen – die Spannung fünf Sekunden lang halten – bewußt loslassen.

- ◆ Legen Sie die Arme neben den Körper und schließen Sie die Augen.
- ◆ Versuchen Sie, Ihre Gedanken auszuschalten und nicht zu beachten.
- ◆ Ballen Sie die Hände zur Faust, so fest Sie können – die Spannung fünf Sekunden halten – loslassen.
- ◆ Spreizen Sie die Finger weit auseinander – loslassen.
- ◆ Pressen Sie die Handflächen gegen den Boden – loslassen.
- ◆ Ziehen Sie die Schultern hoch – loslassen.
- ◆ Drehen Sie den Kopf nach rechts – loslassen.
- ◆ Drehen Sie den Kopf nach links – loslassen.
- ◆ Runzeln Sie die Stirn – loslassen.
- ◆ Pressen Sie die Augenlider aufeinander – loslassen.
- ◆ Ziehen Sie die Mundwinkel auseinander – loslassen.
- ◆ Spitzen Sie die Lippen – loslassen.
- ◆ Pressen Sie die Lippen aufeinander – loslassen.
- ◆ Beißen Sie die Zähne zusammen – loslassen.
- ◆ Drücken Sie die Zunge gegen den Gaumen – loslassen.
- ◆ Pressen Sie den Hinterkopf gegen die Unterlage – loslassen.
- ◆ Pressen Sie die Schulterblätter gegen die Unterlage – loslassen.
- ◆ Pressen Sie das Gesäß gegen die Unterlage – loslassen.
- ◆ Pressen Sie die Fersen gegen die Unterlage – loslassen.
- ◆ Drücken Sie die Zehen nach unten – loslassen.
- ◆ Ziehen Sie die Zehen nach oben – loslassen.
- ◆ Pressen Sie die Knöchel aneinander – loslassen.
- ◆ Pressen Sie die Knie aneinander – loslassen.
- ◆ Spannen Sie die Gesäßmuskeln – loslassen.
- ◆ Strecken Sie den Bauch heraus – loslassen.

- ◆ Ziehen Sie den Bauch ein – loslassen.
- ◆ Spannen Sie die Bauchdecke – loslassen.

Zum Abschluß strecken Sie Arme und Beine weit von sich und dehnen Sie den ganzen Körper nach allen Seiten hin mehrmals kräftig durch. Gähnen Sie mehrmals dazu.

Die Anti-Angst-Atmung

Anti-Angst-Atmung

Man kann die Angst buchstäblich »wegatmen«. Man muß es nur gegebenenfalls versuchen.
Es eignen sich dafür besonders die folgenden zwei Methoden:

Kreislaufatmung

Die Kreislaufatmung
Diese Atmungsform stellt eine klinisch erprobte Atemtechnik zur unterstützenden Behandlung verschiedener Herz-Kreislauf-Leiden dar.

Praktische Durchführung:
- ◆ Legen Sie sich mit lockerer Kleidung flach auf ein Bett oder setzen Sie sich in einen bequemen Sessel. Lassen Sie die Hände mit verschränkten Fingern auf Ihrer Bauchdecke ruhen.
- ◆ Nun atmen Sie durch den Mund mit gespitzten Lippen langsam wieder aus – so als ob Sie eine Kerze ausblasen würden. Unterstützen Sie diese Atembewegungen durch den Druck Ihrer Handflächen auf die Bauchdecke.
- ◆ Wiederholen Sie diesen Vorgang 20mal – langsam und mit größter Konzentration. Falls Sie durch diese ungewohnte Atemtechnik etwas in Luftnot geraten, versuchen Sie, diese durch normales Zwischenatmen zu überwinden.
- ◆ Nach längerer Übung können Sie den Effekt dieser Atemtechnik noch weiter steigern, indem Sie nach

Die Anti-Angst-Atmung

der Einatmungsphase die Luft anhalten – solange es Ihnen möglich ist.

Noch einmal die Abfolge: Durch die Nase tief einatmen – Luft anhalten – durch den Mund mit gespitzten Lippen wieder ausatmen. Mit dieser Atemtechnik sind Sie nicht nur imstande, akute Müdigkeits- und Erschöpfungszustände rasch zu überwinden, sondern auch mit allfälligen Angstzuständen besser zurechtzukommen.

Hechelatmung
Sie beruht auf dem Prinzip der »Hyperventilation«, die es ermöglicht, in kurzer Zeit eine intensive Sauerstoffsättigung des Blutes zu erreichen. Sie wirkt gleichzeitig belebend, beruhigend, entspannend und – angstlösend.

Hechelatmung

Praktische Durchführung:
◆ Legen Sie sich mit lockerer Kleidung flach auf ein Bett oder setzen Sie sich in einen bequemen Sessel. Lassen Sie die Hände mit verschränkten Fingern auf Ihrer Bauchdecke ruhen.
◆ Atmen Sie nun mit geöffnetem Mund in kurzen Abständen mehrmals rasch hintereinander tief ein und aus (»Hecheln«).
◆ Danach atmen Sie einmal tief ein und halten die Luft an – solange es Ihnen möglich ist.
◆ Wiederholen Sie diesen Vorgang mehrmals hintereinander. Es kann sich nach einiger Zeit ein Kribbeln in den Fingern und Zehen sowie an den Lippen bemerkbar machen. Das sind harmlose Zeichen der gewünschten Sauerstoffsättigung, die von selbst wieder verschwinden.

Sie werden nach einiger Zeit feststellen, daß es Ihnen gelingt, die Luft ungewöhnlich lang (mehrere Minuten) anzuhalten. Außerdem werden Sie hinterher ein intensives Wärmegefühl im Kopf sowie in den Händen und Füßen verspüren.

TEIL II
SEELISCHES WACHSTUM

Die Sucht ist in Dir

*Wer nicht bis ans Äußerste geht,
kann sein Innerstes nicht erkennen.*

Der Begriff Sucht geht, von seinem Wortstamm her gesehen, nicht auf »Suchen« – wie vielfach angenommen wird –, sondern auf »Krankheit, Siechtum, Sünde, Leidenschaft« zurück.

Und – auch wenn es beängstigend klingt und von vielen Menschen vehement in Abrede gestellt wird – in irgendeiner Form schlummert in jedem von uns eine Krankheit, ein Siechtum, eine Sünde, eine Leidenschaft ... Einzig entscheidend ist deshalb nur die Antwort auf folgende Frage: Beherrsche ich meine Sucht oder beherrscht sie mich?!

Der Idealzustand wäre wohl die »kontrollierte Sucht«! Doch die gibt es nicht, denn die klassischen Suchtmittel haben eines gemeinsam – sie täuschen uns für eine kurze Zeit ein euphorisches Wohlbefinden vor, das wir auf anderem Wege in dieser Dimension und Intensität nicht erreichen können oder nicht erreichen zu können glauben. **Kontrollierte Sucht**

Nichts im Übermaß.
(Inschrift am Heiligtum zu Delphi)

Wir streben alle nach Glück! In uns möchte sich ein »Wille zur Freude« verwirklichen, der zumeist schwer in Fesseln liegt, weil wir gerne geneigt sind zu vergessen, daß wir uns unser Glück selbst schaffen können und müssen. Nur so ist es von Dauer.

Suchtmittel sind Glücksbringer ohne Rückversicherung. Die Menschheit ist seit jeher auf der Suche nach einem Glücksbringer, der immer gleichbleibende Wirkung zeigt. Bis heute konnte er nicht gefunden werden. Denn der Organismus trifft immer – um sich selbst zu schützen **Glücksbringer ohne Dauer**

Die Sucht ist in Dir

Die Teufels-spirale der Sucht

– rechtzeitig Gegenmaßnahmen, die auf chemischem Wege mehr oder minder rasch zu einer »Neutralisierung« der zugeführten Substanz führen. Und darin liegt die eigentliche Wurzel der Sucht!

Wie man der Sucht verfällt, wie man in die Teufelsspirale der Sucht gerät, läßt sich einfach darstellen:

1. Einnahme des Suchtmittels – starke wohltuende Wirkung – keine Nebenwirkungen
2. Einnahme des Suchtmittels – geringere wohltuende Wirkung – keine Nebenwirkungen
3. Leicht vermehrte Einnahme des Suchtmittels – starke wohltuende Wirkung – geringe Nebenwirkungen
4. Leicht vermehrte Einnahme des Suchtmittels – geringere wohltuende Wirkung – geringe Nebenwirkungen
5. Stärker vermehrte Einnahme des Suchtmittels – starke wohltuende Wirkung – stärkere Nebenwirkungen
6. Stärker vermehrte Einnahme des Suchtmittels – geringere wohltuende Wirkung – starke Nebenwirkungen
7. Stark vermehrte Einnahme des Suchtmittels – starke wohltuende Wirkung – starke Nebenwirkungen
8. Stark vermehrte Einnahme des Suchtmittels – geringere wohltuende Wirkung – stärkste Nebenwirkungen
9. Stärkst vermehrte Einnahme des Suchtmittels – starke wohltuende Wirkung – stärkste Nebenwirkungen
10. Die Nebenwirkungen überwiegen im Vergleich zur erwünschten wohltuenden Wirkung – es besteht Lebensgefahr!

Abhängig-keit

Es geht in diesem Kapitel um den Umgang mit echten Suchtmitteln, die auf irgendeinem biochemischen Weg in den Körperchemismus eingreifen und zur Abhängigkeit führen können.

Diese Abhängigkeit besteht aus zwei Komponenten:
- ◆ Die Abhängigkeit von der Dosissteigerung: Die Dosis muß immer mehr gesteigert werden, um die gleiche Wirkung zu erzielen.
- ◆ Die Abhängigkeit von den körperlichen und mentalen Neben- bzw. Nachwirkungen: Die Dosis muß –

anfangs langsam, später immer rascher – gesteigert werden, um die Nebenwirkungen abzumildern. Schließlich dominiert allein die Angst vor diesen Nebenwirkungen – bis zum sogenannten »Kontrollverlust« ...

Obsessive Zwänge

Die zweite Begriffsgruppe, die ebenfalls unter dem Titel »Sucht« firmiert, beruht auf bestimmten zwanghaften Verhaltensweisen, hat also mit Sucht im klassischen Sinn nichts zu tun.
Es ist dies z. B.:
- die Fettsucht = Eßzwang,
- die Arbeitssucht = Arbeitszwang,
- die Spielsucht = der Zwang, zu spielen,
- die Waschsucht = Waschzwang,
- die Kritiksucht = Kritikzwang,
- der Perfektionismus = der Zwang zur Perfektion usw.

Man nennt sie auch die »obsessiven Zwänge«, und sie könnten durchaus mit den früher erwähnten »Phobien« gleichgesetzt werden; weil die Angst als treibender Motor für diese absurden Verhaltensweisen gilt.

Drei Suchtmittel-Gruppen

Doch zurück zur eigentlichen Sucht und zu den bio-chemischen Suchtmitteln, die im folgenden näher behandelt werden sollen. Die letzteren lassen sich in drei Gruppen teilen:
1. Die »Seelentröster«: Kaffee, Tee, Kakao, Cola, Schokolade, Süßigkeiten.
2. Die legalisierten Suchtmittel: Alkohol, Nikotin, Psychopharmaka.
3. Die nichtlegalisierten Suchtmittel: Rauschgifte.

Es sollen in der Folge lediglich die biochemischen Wirkungen und Nebenwirkungen der einzelnen sucherzeugenden Substanzen im Organismus dargestellt werden. Alle sozialen und sonstigen Aspekte der Sucht bleiben dabei unberücksichtigt.

Wohl aber soll versucht werden, zu den einzelnen Gruppen entsprechende Vorschläge zur Selbsthilfe herauszuarbeiten, denn letztlich ist und bleibt die einzig endgültig wirksame Hilfe gegen die Sucht die Selbsthilfe.

Die »Seelentröster«

Bohnenkaffee

Der Kaffee ... Es gibt wohl kaum ein zweites »Genußmittel«, über das so viele widersprüchliche Meinungen in Umlauf sind wie über dieses schwarze Aromagetränk. Bislang wurden über 300 Inhaltsstoffe in der Kaffeebohne analysiert. Der pharmakologisch wirksamste davon: das Koffein. Weitere Komponenten, die manchen von uns mitunter unangenehm auffallen, sind die Röststoffe.

Fest steht, daß Kaffee eine Reihe von überwiegend positiven Wirkungen auf unser Innenleben ausübt.

... seine positiven Wirkungen
- ◆ Er ist der klassische »Muntermacher«, und von diesen Muntermachern ist er auch – gemeinsam mit dem Tee – der harmloseste.
- ◆ Er wirkt anregend auf die Großhirnrinde (Konzentration), auf den Kreislauf (Kaffee hebt aber den Blutdruck nur geringfügig), auf die Atmung und auf den Stoffwechsel.

Diese Wirkungen setzen, nach einer einschläfernden Anfangsphase von ½–1 ½ Stunden (je nach Füllungszustand des Magens), erst mit Verzögerung ein und halten jeweils mehrere Stunden an. Kaffee regt – ähnlich wie Nikotin – die Magensäureproduktion an. Darin liegt auch seine »abführende« Wirkung. Der morgendliche Kaffee, gemeinsam mit der Morgenzigarette, ruft verläßlich Stuhlgang hervor. Das ist dadurch zu erklären, daß über die vermehrte Magensäure der »gastro-kolische Reflex« (eine nervale Reflexverbindung zwischen Magen und Dickdarm) die Darmperistaltik in Gang gesetzt und der im Dickdarm befindliche Stuhl weitertransportiert wird. Eine Tasse Kaffee auf nüchternen Magen erzeugt bekanntlich sofort deutlich hörbare Darmgeräusche.

... und seine negativen Wirkungen Die angeblich negativen Wirkungen des Kaffees: Diese sind, gemäß unzähliger physiologischen Untersuchungen in aller Herren Länder erst ab 3 bis 4 großen Tassen täglich von Bedeutung. Von da weg erhöht Bohnenkaffee den Cholesterinspiegel, verengt die Herzkranzgefäße und wirkt erregend auf sämtliche Funktionen des vegetativen Nervensystems. Ab dieser Dosis erzeugt Kaffee auch einen permanent erhöhten Magensäurespiegel, der allmählich zu einer Entzündung der Magenschleimhaut (Gastritis) führen kann. Hauptverantwortliche dafür sind die Röststoffe.

Bekanntlich gibt es noch weitere Varianten, in denen Kaffee angeboten wird: **Kaffee-Varianten**

◆ Der »koffeinfreie« Kaffee: Er sollte eigentlich koffeinreduziert« oder »koffeinarm« heißen. Einen völlig koffeinfreien Kaffee gibt es nicht.
◆ Der »röststoffarme« Kaffee: Hier sind verschiedene Produkte, die durch das Rösten entstehen und im Rohkaffee nicht enthalten sind, extrahiert.
◆ Malzkaffee, Kräuterkaffee: Außer einem ähnlichen, wohl weit schwächeren Aroma haben diese Sorten mit dem echten Bohnenkaffee nichts gemeinsam. Bei einzelnen, übertriebenen gesundheitsbewußten Menschen gelten diese Sorten als »gesünder« als der »schädliche« Bohnenkaffee. Diese Ansicht ist – außer durch individuelle Vorlieben – durch nichts begründet.

Zweifellos geht dem Kaffee durch diese zusätzlichen Bearbeitungen ein Großteil seines Aromas verloren, ohne daß nennenswerte gesundheitliche Vorteile zu erwarten wären.

Wenn normaler Bohnenkaffee schlecht vertragen wird, dann ist er falsch zubereitet oder er hat ungeeignete Zusätze.

Kaffee wird etwa durch Milch- oder Obers-(Sahne-)Zusatz keineswegs leichter verträglich, da er dadurch länger im Magen festgehalten wird. Schwarzer Kaffee verläßt den Magen in kurzer Zeit und ist aus diesem Grund immer noch am verträglichsten.

Im klassischen Sinne macht Kaffee nicht süchtig, wenn das oben erwähnte tägliche Quantum eingehalten wird. **Macht Kaffee süchtig?**

Dazu kommt, daß es bis heute keine diesbezüglichen stichhaltigen, wissenschaftlich relevanten Studien gibt. Eines steht also fest: Kaffee ist besser als sein Ruf!
Die Zubereitungsart, bei der das Aroma fast unverfälscht erhalten bleibt, ist das Kochen im ganzen – die »Kannenmethode«. Man gibt mehrere Eßlöffel grob gemahlenen Kaffees in heißes Wasser, läßt einmal aufkochen, rührt kräftig um und läßt das Ganze ca. 5 Minuten ziehen. Danach abseihen und servieren.

Grüner oder schwarzer Tee

Der Tee ... Während das Kaffeetrinken, soweit dies von den Chronisten nachvollzogen werden kann, erst ab dem 13. Jahrhundert in verschiedenen orientalischen Ländern »in Mode« gekommen und gar erst etwa im 16. Jahrhundert nach Europa gelangt ist, hat der grüne oder schwarze Tee eine jahrtausendealte Tradition.
Bei uns ist er eigenartigerweise zum Kaffee in Konkurrenz getreten: es gibt bekanntlich Menschen, die Kaffee besser vertragen als Tee – und umgekehrt.

... seine Was ist der Unterschied zwischen Tee und Kaffee?
Zubereitung Es gibt praktisch keinen! Die Wirksubstanz im Tee nennt sich Tein und ist, chemisch gesehen, dem Koffein nahe verwandt. Die zweite Wirksubstanz, die – im Gegensatz zum Kaffee – im Tee vermehrt enthalten ist, ist die Gerbsäure. Sie macht Tee für manche Menschen schwerer verträglich als Kaffee. Wieviel Gerbsäure allerdings frei wird, richtet sich nach der Zubereitungsart. Je länger der Tee im Wasser ziehen kann, desto mehr Gerbsäure wird freigesetzt und desto bitterer schmeckt er dann. Gleichzeitig verliert er auch seine belebende Wirkung.

... und seine Tee – so stark er auch zubereitet wird – darf im allge-
Wirkung meinen nur mit kochendem Wasser überbrüht werden und nicht länger als fünf Minuten ziehen. Dann wirkt er mild belebend und ist für jedermann verträglich.
Tee wirkt milder und kürzer belebend als der Kaffee, er

ist weitaus variantenreicher, was die Aromen, und weitaus empfindlicher, was die Zubereitungsart betrifft. Ansonsten bestehen keine gravierenden Unterschiede. Tee wirkt überdies noch mild diuretisch (»wassertreibend«) und aufgrund seines Gerbsäuregehaltes abschwellend auf die Darmschleimhäute. Tee gilt seit jeher als Mittel gegen Durchfall; dazu muß er allerdings länger gekocht werden, um möglichst viel Gerbsäure freizusetzen.
Man könnte ohne Übertreibung behaupten: Tee ist der ideale Muntermacher!

Der Vollständigkeit halber:
Die bekanntesten »Muntermacher« unter den Heilkräutern sind: Arnika, Bitterklee, Enzian, Johanniskraut, Melisse, Nieswurz, Rosmarin, Weißdorn, Thymian.

Kakao, Schokolade, Zucker
Kakao und Schokolade sind im weitesten Sinne ebenfalls Muntermacher. Kakao enthält Koffein und Theobromin, eine koffeinartige Substanz, allerdings mit weitaus schwächer stimulierender Wirkung als dieses. Koffein ist etwa 15mal wirksamer als Theobromin. **Kakao**

Schokolade besteht in der Hauptsache aus Kakao, Kakaobutter und Zucker, ist also in seiner allfälligen belebenden Wirkung dem Kakao gleichzusetzen. Der Hauptbelebungseffekt bei beiden Genußmitteln dürfte allerdings auf dem Zucker beruhen. Ein Ansteigen des Blutzuckerspiegels wirkt immer kurzfristig belebend. Das gilt genauso für den reinen Traubenzucker wie für alle Süßigkeiten mit hohem Zuckergehalt. **Schokolade**

Daß Zucker im Gehirn die Ausschüttung von sogenannten »Endorphinen«, also von körpereigenen Stimmungsmachern, anregt, ist nicht hinlänglich bewiesen.
Die wohltuende Wirkung von Zucker und Süßigkeiten dürfte also in der Hauptsache in der hochdosierten kurzfristigen Energiezufuhr zu suchen sein. **Zucker**

Cola

Cola
Die belebende Wirkung der diversen Colagetränke beruht auf den beiden Faktoren Koffein und Zucker und ist rein von diesem Gesichtspunkt her zu betrachten. Das gleiche gilt für die angeblich »suchterzeugende« Wirkung dieser Erfrischungsgetränke: Sie entspricht der des Koffein. Es müssen also täglich erhebliche Mengen zugeführt werden, um in die Nähe einer Suchtgefahr zu gelangen.

Energy Drinks
Anders ist es bei den immer mehr in Mode kommenden »energy drinks«. Sie enthalten – neben Koffein – zumeist noch Stoffe (z. B. Taurun), die sehr wohl ein gewisses Suchtpotential in sich tragen. Sie sind also, im wahrsten Sinn des Wortes, mit Vorsicht zu genießen!

Die legalisierten Suchtmittel

Alkohol
Alkohol ist weltweit die Droge Nr. 1! Er richtet allein mehr Schaden an Leib und Leben an als alle anderen echten Suchtmittel zusammen.

Am Anfang wird er als Mittel benutzt, die Angst zu bekämpfen. Dann wird er dazu benutzt, mit der Angst richtig umgehen zu lernen.

Zuletzt wird er dazu benutzt, die Angst vor dem Alkohol selbst zu bekämpfen.

Warum trinken die Menschen Alkohol?

Drei Phasen der Alkoholabhängigkeit
Der Weg in die Abhängigkeit verläuft in drei Phasen:

◆ Phase 1: Man trinkt Alkohol aus psychischen Gründen; weil man sich dadurch selbstsicherer, mutiger, durchschlagskräftiger fühlt. Man trinkt, weil man sich fröhlicher fühlt, weil man manche Dinge leichter nimmt und weil einem dadurch sämtliche Probleme einfacher lösbar erscheinen.

◆ Phase 2: Es sind immer noch in der Hauptsache seelische Gründe, die einen veranlassen, zur Flasche

Die legalisierten Suchtmittel

zu greifen. Die Gründe, warum man überhaupt zu trinken begonnen hat, treten stärker hervor, wenn man einige Zeit nichts getrunken hat. Allmählich mischen sich diskrete körperliche Phänomene dazu. Man fühlt sich körperlich allgemein unwohl, wenn man nicht getrunken hat. Man hat wenig Appetit, man leidet unter Übelkeiten (vor allem morgens), Kopfschmerzen, Schlafstörungen (vor allem Durchschlafstörungen) und Depressionsanfällen.

◆ Phase 3: Die körperlichen Phänomene überwiegen. Es kommt immer häufiger und heftiger zu »Entzugserscheinungen«, wenn man nicht trinkt. Die Bekämpfung dieser Entzugserscheinungen ist dann der Hauptgrund für den Griff zur Flasche.

Es kommt zum ersten »Kontrollverlust«.

Der folgende Alkohol-Fragebogen soll das eigene Verhältnis zum Alkohol einschätzen helfen:

Alkohol-Fragebogen

1. Neigen Sie dazu, nach einer Enttäuschung oder einer Auseinandersetzung viel zu trinken? **Alkohol-Fragebogen**
2. Trinken Sie mehr als gewöhnlich, wenn Sie Ärger haben oder gestreßt sind?
3. Haben Sie jüngst festgestellt, daß Sie mehr Alkohol vertragen als früher?
4. Sind Sie schon mal morgens aufgewacht, ohne sich an Abschnitte des Vorabends erinnern zu können, obwohl Ihnen Ihre Freunde versichern, daß Sie sich ganz »normal« verhalten hätten?
5. Wenn Sie in Gesellschaft anderer trinken, versuchen Sie dann, ein paar zusätzliche Drinks zu nehmen, ohne daß es die anderen merken?
6. Gibt es Situationen, in denen Sie sich unwohl fühlen, wenn kein Alkohol verfügbar ist?
7. Warten Sie in letzter Zeit ungeduldiger auf den ersten Drink als früher?
8. Haben Sie manchmal Schuldgefühle wegen Ihrer Trinkgewohnheiten?

Die Sucht ist in Dir

Alkohol-Fragebogen

9. Ärgert es Sie insgeheim, wenn Freunde oder Angehörige über Ihre Trinkgewohnheiten sprechen?
10. Haben Sie in letzter Zeit häufiger Gedächtnislücken?
11. Kommt es häufiger vor, daß Sie gern weitertrinken möchten, wenn Ihre Freunde aufhören?
12. Gibt es besondere Anlässe, wenn Sie extrem viel trinken?
13. Bedauern Sie in nüchternem Zustand oft Dinge, die Sie getan oder gesagt haben, als Sie unter Alkoholeinfluß standen?
14. Haben Sie schon verschiedene Methoden ausprobiert, um Ihre Trinkgewohnheiten zu kontrollieren?
15. Haben Sie schon öfter Vorsätze, was Ihre Trinkgewohnheiten angeht, nicht eingehalten?
16. Haben Sie schon einmal versucht, Ihre Trinkgewohnheiten zu ändern, indem Sie Arbeitsplatz oder Wohnort gewechselt haben?
17. Versuchen Sie, wenn Sie trinken, Angehörigen oder Freunden aus dem Weg zu gehen?
18. Haben Sie in letzter Zeit häufiger finanzielle oder berufliche Probleme?
19. Haben Sie häufig das Gefühl, ohne triftigen Grund von anderen ungerecht behandelt zu werden?
20. Essen Sie wenig oder unregelmäßig, wenn Sie trinken?
21. Kommt es vor, daß Sie morgens zittern und sich nach einem kleinen Drink besser fühlen?
22. Haben Sie jüngst festgestellt, daß Sie nicht mehr so viel trinken können wie früher?
23. Sind Sie manchmal mehrere Tage durchgehend betrunken?
24. Sind Sie manchmal sehr deprimiert und fragen sich nach dem Sinn des Lebens?
25. Kommt es vor, daß Sie nach einer Trinkperiode Dinge sehen oder hören, die gar nicht da sind?
26. Bekommen Sie Angstzustände, wenn Sie viel getrunken haben?

Die legalisierten Suchtmittel

Wenn Sie auch nur wenige Fragen mit Ja beantworten mußten, so haben Sie zumindest einige der Symptome, die auf ein Trinkproblem hinweisen. Mehrere Ja-Antworten deuten auf folgende Stadien hin:
Fragen 1–8: Anfangsstadium; Fragen 9–21 fortgeschrittenes Stadium; Fragen 21–26: Beginn des Endstadiums.

Die körperlichen Schäden durch längerdauernden Alkoholmißbrauch sind vielfältig und immer gefährlich: **Folgen der Alkoholsucht**
- Nervensystem: Es kommt zur Zerstörung von Millionen von Nervenzellen, vor allem im Gehirn.
- Es kommt zur Auflösung der »Myelinscheiden« der »peripheren Nerven«. Sie sind für die Muskelmotorik und die Sensibilität des Haut- und Unterhautgewebes verantwortlich.
- Die Rachenschleimhaut entzündet sich. Es kommt zu ständigem Räuspern, Halsschmerzen und belegter Stimme.
- Die Magenschleimhaut entzündet sich. Man verspürt ständige Übelkeit und Magenbrennen.
- Die Dickdarmschleimhaut entzündet sich. Das zeigt sich in Form von weichem Stuhl oder Durchfällen mit Schleim- und Blutbeimengungen.
- Es kommt zur chronischen Bauchspeicheldrüsenentzündung. Das äußert sich zumeist als Schmerzzustände im Bereich des linken Oberbauches.
- Erst im Spätstadium wird auch die Leber angegriffen. Der alkoholische Leberschaden entwickelt sich weitgehend symptomlos und wird daher oft erst relativ spät – zu spät – entdeckt.

Was passiert, wenn man nach längerem exzessivem Trinken plötzlich nichts mehr trinkt? Es kommt zu dramatischen »Entzugserscheinungen«: **Entzugserscheinungen**
- Zittern der Hände (»feinschlägiger Tremor«);
- Schwierigkeiten, einen Löffel oder eine Gabel zum Mund zu führen;

- Schwierigkeiten beim Schreiben – das Schriftbild ist uneinheitlich und »verwaschen«;
- zittriger, unsicherer, schwankender Gang;
- verschwommenes Sehen, auch wenn keine Sehschwäche vorliegt;
- Herzrhythmusstörungen, vor allem Tachycardien (»rasender Puls«);
- Schweißausbrüche, auch ohne körperliche Anstrengung und vor allem nachts;
- Durchschlafstörungen; Aufwachen zumeist nach Mitternacht;
- Morgenübelkeit mit Brechreiz und Erbrechen;
- Appetitlosigkeit;
- Widerwillen gegen Fleisch;
- Bedürfnis nach gesalzenen und scharf gewürzten Speisen;
- extrem gesteigertes Durstgefühl;
- erhöhte Neigung zu Kopfschmerzen;
- Schwund der sexuellen Leistungsfähigkeit bei gesteigertem sexuellen Verlangen;
- schwere Konzentrationsstörungen;
- Störungen des Kurzzeitgedächtnisses;
- erhöhte Depressionsneigung mit gelegentlichen phorischen Zuständen;
- unmotivierte Angstzustände, Vernichtungsgefühle;
- Gewissensängste wegen der Rückfallsgefahr.

Diese Erscheinungen verschwinden in kurzer Zeit, wenn wieder Alkohol getrunken wird. Darin liegt auch der Grund, warum so manche ehrliche Absicht, nicht mehr zu trinken, durch diese Sabotage des eigenen Körpers wieder zunichte gemacht wird.

Anderenfalls kann es – je nach der Vorgeschichte – bis zu sechs Wochen dauern, bis der letzte Rest der körperlich-seelischen Entzugserscheinungen verschwunden ist.

Entwöhnungshilfen Bei Alkoholsucht gibt es zahlreiche Entwöhnungshilfen:
- Der totale abrupte »Entzug« gelingt allein nur selten.

Die legalisierten Suchtmittel

Zumeist ist die Hilfestellung durch einen Arzt, Psychologen oder eine entsprechende Organisation erforderlich.
- Die 10-Prozent-Regel: bei leichteren Fällen von Alkoholismus kann es gelingen, durch schrittweises Reduzieren der zugeführten Alkoholmengen die Entzugserscheinungen weniger drastisch zu empfinden. Man reduziert also diese Menge, täglich, oder jeden zweiten Tag, jeweils um 10 Prozent. Auf diese Weise könnte und sollte man innerhalb von spätestens sechs Wochen die völlige Abstinenz erreichen und sie weitere sechs Wochen konsequent durchhalten. Diese Methode gilt für willensstarke Menschen, die auch das nötige Vertrauen zu sich selbst entwickeln können, diese selbstauferlegte Geisel wieder abzuschütteln. Hinterher sollte man sich strikt daran halten, nur mehr zu den Mahlzeiten zu trinken und nie mehr zwischendurch oder auf nüchternen Magen. Je mehr der Magen gefüllt ist, desto langsamer erfolgt nämlich die Resorption des Alkohols in das Blut und desto langsamer wird er auch wieder abgebaut. Ein hastig hintergeschüttetes Glas erzeugt einen raschen Anstieg des Blutalkoholspiegels und einen beschleunigten Abbau des Alkohols zu Azet-Aldehyd. Dieses ist letztlich für die Symptome des »Katers« und für den Großteil der oben genannten Entzugserscheinungen verantwortlich.
- In der Entwöhnungsphase sollte man gut gesalzene und gewürzte Speisen zu sich nehmen, um die Funktionen der Magen-Darm-Schleimhäute zu normalisieren. Die gesteigerte Zufuhr von Vitalstoffen ist meist nicht erforderlich.
- Vorsicht ist gegenüber etwaigen »Ersatzdrogen« geboten – z. B. Kaffee, Tee, Cola, Nikotin –, damit nicht eine Abhängigkeit in die nächste übergeht. Lediglich der schwarze Tee scheint geeignet, in dieser Phase ohne neuerliche Suchtgefahr als Hilfsmittel eingesetzt

Die Sucht ist in Dir

zu werden: Er wirkt regulierend auf den Stoffwechsel und auf den Wasserhaushalt.
◆ Besondere Vorsicht ist gegenüber Medikamenten, insbesondere den »Psychopharmaka«, geboten!

Gerade in der Zeit der Entwöhnung, die Körper und Seele einiges abverlangt, kann es eine große Hilfe sein, sich immer wieder einen Spiegel vorzuhalten.

»Verhaltenstagebuch« Dies geschieht am besten durch ein »Verhaltenstagebuch«, das sowohl die Vergangenheit als auch die Gegenwart mit einbezieht:
◆ Warum habe ich ursprünglich zu trinken begonnen?
◆ Wie war meine damalige Lebenssituation?
◆ Warum habe ich das Trinken beibehalten?
◆ Warum habe ich später immer mehr getrunken?
◆ Warum sind meine damaligen Versuche, vom Alkohol wegzukommen, fehlgeschlagen? Waren sie zu halbherzig? Waren sie nicht genügend ernst gemeint? Waren es nur Alibihandlungen?
◆ Ab wann wollte ich ernsthaft nicht mehr trinken?
◆ Warum wollte ich dann nicht mehr trinken? Waren körperliche oder seelische Gründe ausschlaggebend?
◆ Warum habe ich es diesmal geschafft?
◆ Wie groß ist meine Angst vor einem Rückfall?

Diese Liste kann und soll selbstverständlich nach eigenem Gutdünken erweitert oder vollkommen neu formuliert werden.

Weitere Hilfsmittel Neben dem »Verhaltenstagebuch« gibt es natürlich weitere alltägliche Hilfsmittel zur Überwindung der Alkoholsucht:
◆ Erzählen Sie zunächst Menschen Ihres Vertrauens – falls diese nicht ohnehin informiert sind –, daß Sie Alkoholiker waren und sich selbst von diesem Leiden befreit haben. Lassen Sie sich loben wie ein kleines Kind, das brav seine Schulaufgaben gemacht hat.
◆ Reden Sie später über diesen Sachverhalt auch mit anderen Menschen, die Ihnen persönlich nicht so

nahe stehen. Sie erhöhen damit Ihr moralisches Selbstverantwortungsgefühl.
◆ Loben Sie sich selbst, bei jeder Gelegenheit! Lob, gleich welcher Form, führt immer Kraft zu und stärkt die hilfreichen Gedanken.
◆ Meiden Sie in den ersten Wochen alle Gelegenheiten oder gesellschaftlichen Veranstaltungen, bei denen viel getrunken wird. Dort lauern die Saboteure, die sie auf die Probe stellen wollen, um ihr eigenes Gewissen zu beruhigen.
◆ Verbannen Sie für einige Zeit den Alkohol aus Ihrem unmittelbaren Wohnbereich, denn: Die Versuchung schläft nicht.
◆ Vermeiden Sie in dieser Zeit jede »Mutprobe« und jede Selbstbestätigung, indem Sie sich selbst und anderen beweisen wollen, daß Sie sehr wohl wieder Alkohol trinken können, ohne abhängig zu werden.
»Hochmut kommt vor dem Fall.«
(Bibel)

Weitere mentale Hilfen:
◆ Die »Gedanken-STOP-Methode«: Diese besteht sehr einfach darin, daß Sie, immer wenn ein Gedanke an Alkohol in Ihnen hochkommt, energisch »STOP« sagen und sich gleichzeitig dieses Wort in leuchtendweißen Großbuchstaben möglichst deutlich vor Ihrem geistigen Auge erscheinen lassen. Sie können dieses Spiel in einer ruhigen Minute auch systematisch betreiben, indem Sie sich mit geschlossenen Augen hinsetzen, sich das Wort »ALKOHOL« in Großbuchstaben geschrieben vorstellen und dann vor Ihrem geistigen Auge dieses Wort durch das Wort »STOP« in oben genannter Form überblenden; das Wort Alkohol wird also durch das Wort Stop in leuchtenden Lettern ersetzt. Nach einiger Übung wird dies immer besser gelingen; ja es muß soweit kommen, daß dieser Mechanismus automatisch –

Gedanken-STOP-Methode

ohne Ihr bewußtes Zutun – einsetzt. Dann haben Sie gewonnen.

Es versteht sich von selbst, daß diese Methode auch bei der mentalen Bekämpfung anderer schlechter Gewohnheiten oder selbstauferlegter Verhaltenszwänge anwendbar ist.

Wort-Magie-Methode

◆ Die »Wort-Magie-Methode«: Kein anderes Element in unserem Leben enthält soviel spirituelle Kraft und kann diese auch freisetzen wie »das richtige Wort zur richtigen Zeit«. Dies läßt sich am Beispiel Alkoholismus besonders leicht verdeutlichen. Verdrängen Sie den Begriff Alkohol diesmal nicht nur durch das Wort Stop, sondern durch eine kurze sinnvolle Wortkombination, z. B.: »Nie wieder Alkohol!« – »Alkohol ist out!« – »Ich bin stärker!« Diesen kurzen Satz stellen Sie sich ebenso in leuchtender Schrift vor und sprechen ihn immer wieder laut aus – monoton – wie ein Gebet.

(Lesen Sie mehr darüber im Kapitel »Meditation«)

Das Ziel

Das erklärte Ziel, das es zu erreichen gilt, wäre es, eine distanzierte, von Gleichmut geprägte Einstellung zum Alkohol in sich wachzuhalten.

Denken Sie auch hier wieder daran: Nicht der Alkohol selbst, sondern die magische Angst vor dem Alkohol kann unsere seelischen Widerstandskräfte derartig schwächen, daß wir diesem Laster neuerlich erliegen.

Tun Sie alles, um dieser Angst keinen Raum in sich zu gewähren. Dieses Buch soll Ihnen dabei helfen!

Nikotin – Lebensgefahr

Raucher leben gefährlich

Es wird im Zusammenhang mit dem Rauchen immer wieder die Frage gestellt, ob Nikotin überhaupt als suchterzeugende Substanz einzustufen sei. Daß dem so ist, das hat sich gerade in den letzten Jahren durch zahllose Feldstudien eindrucksvoll bestätigt.

Nikotin ist unter sämtlichen Sucht- und Genußmitteln mit Abstand der Killer Nr. 1! Und es ist durch zahllose

Die legalisierten Suchtmittel

Statistiken eindeutig nachgewiesen, daß starke Raucher (über 25 Zigaretten pro Tag) eine um ein Drittel niedrigere Lebenserwartung haben; erst recht dann, wenn noch die Risikofaktoren hoher Blutdruck, erhöhter Cholesterinspiegel und Übergewicht dazukommen.

Was schadet am Rauchen?

- ◆ Nikotin: Dieses Alkaloid aus der Tabakpflanze erhöht den Blutdruck, verengt die Gefäße (Herzkranzgefäße, Gehirngefäße, Nierengefäße, periphere Gefäße in den Zehen und Fingern), beschleunigt den Herzschlag. **Schadstoffe**
- ◆ Teer und Ruß: Sie erzeugen entzündliche Reizerscheinungen an den Mund-, Zungen-, Rachen- und Bronchialschleimhäuten, die letztlich zu krebsigen Entartungen in diesen Bereichen führen können.
- ◆ Kohlenmonoxid: Ein sehr unterschätzter Risikofaktor beim Zigarettenrauchen. Kohlenmonoxid hat eine etwa 300fach höhere Affinität zum Hämoglobin (roter Blutfarbstoff, der den Sauerstoff- und Kohlensäuretransport besorgt) als der Sauerstoff. Beim starken Raucher sind bis zu 10 Prozent des zirkulierenden Blutes mit Kohlenmonoxid-Hämoglobin (Oxy-Hämoglobin) abgesättigt und somit für den Sauerstofftransport nicht verfügbar. Das Oxy-Hämoglobin wird zudem vom Organismus als Fremdeiweiß eingestuft und erhöht damit die Thromboseneigung (die Neigung zur Bildung von Blutgerinnseln).
- ◆ Schwermetalle und sonstige Verunreinigungen: Cadmium, Thallium, Blei, Insektizide (Insektenvertilgungsmittel), Fungizide (Pilzvernichtungsmittel) usw. Sie üben die verschiedensten Giftwirkungen im Organismus aus.

Durch diese massiven Eingriffe in den Körper-Chemismus entwickelt sich beim starken Raucher neben der mentalen durchaus auch eine manifeste körperliche Abhängigkeit vom Nikotin.

Die Sucht ist in Dir

Fragebogen für Raucher

Was gibt einem das Zigarettenrauchen?
Hier einige Aussagen von Gewohnheitsrauchern. Wie oft haben Sie selbst dieses Gefühl, wenn Sie rauchen? Kreuzen Sie bei jedem Satz die zutreffende Zahl an. (Bitte jede Frage beantworten.)

	Immer	Oft	Gelegentlich	Selten	Nie
A Ich rauche Zigaretten, um zu verhindern, daß ich müde oder träge werde.	5	4	3	2	1
B Mir verschafft vor allem der Umgang mit der Zigarette Befriedigung.	5	4	3	2	1
C Zigarettenrauchen ist wohltuend und entspannend.	5	4	3	2	1
D Ich zünde mir eine Zigarette an, wenn ich mich über irgend etwas ärgere.	5	4	3	2	1
E Wenn mir meine Zigaretten ausgehen, bin ich nervös und gereizt, bis ich mir Nachschub besorgt habe.	5	4	3	2	1
F Ich greife automatisch zur Zigarette, ohne mir dessen bewußt zu sein.	5	4	3	2	1
G Ich rauche, um mich anzuregen oder aufzupuschen.	5	4	3	2	1
H Mir macht vor allem das Anzünden der Zigarette Spaß.	5	4	3	2	1
I Ich finde Zigaretten wohltuend.	5	4	3	2	1
J Wenn ich mich unwohl oder traurig fühle, zünde ich mir eine Zigarette an.	5	4	3	2	1
K Ich empfinde es als äußerst unangenehm, keine Zigaretten in Reichweite zu haben.	5	4	3	2	1
L Ich zünde mir eine Zigarette an, ohne zu merken, daß noch eine im Aschenbecher glimmt.	5	4	3	2	1
M Ich rauche Zigaretten, um mir einen »Energiestoß« zu verabreichen.	5	4	3	2	1
N Ich empfinde es als angenehm, zu inhalieren und langsam den Rauch auszublasen.	5	4	3	2	1
O Ich rauche am liebsten, wenn ich entspannt bin und mich wohl fühle.	5	4	3	2	1
P Ich rauche, wenn ich melancholisch bin, um mich von tristen Gedanken abzulenken.	5	4	3	2	1
Q Wenn ich eine Weile nicht geraucht habe, überfällt mich eine richtige Gier nach Zigaretten.	5	4	3	2	1

Die legalisierten Suchtmittel

R Ich habe eine Zigarette im Mundwinkel
und kann mich nicht entsinnen, eine
angezündet zu haben.   5   4   3   2   1

1. Tragen Sie die bei jeder Aussage angekreuzte Zahl neben A, B, C usw. ein.
2. Zählen Sie die Punkte in jeder Waagrechten zusammen. Die Summe Ihrer Punkte von A, G und M ergibt z. B. Ihre Werte für die Stimulation

				Summe
A	+ G	+ M	=	Stimulation
B	+ H	+ N	=	Ritualisierter Umgang
C	+ I	+ O	=	Angenehme Entspannung
D	+ J	+ P	=	Spannungsreduktion
E	+ K	+ Q	=	Psychische Abhängigkeit
F	+ L	+ R	=	Gewohnheit

Die Punktwerte reichen von 3 bis 15. Alle Werte über 11 sind hoch; alle Werte unter 7 sind niedrig.

Die letzten Beweise dafür, daß eine Substanz suchterzeugend ist, sind – wie schon erwähnt – immer im Auftreten von Entzugserscheinungen zu finden. So auch hier!

Entzugserscheinungen, die nach plötzlichem Absetzen von durch mehrere Wochen hindurch täglich 25 gerauchten Zigaretten (und mehr) auftreten:

Entzugserscheinungen

- Zittern der Hände;
- extreme Nervosität, Fahrigkeit, Reizbarkeit;
- Appetitlosigkeit, abgelöst durch Heißhungerattacken;
- Abneigung gegen Fleisch;
- schlechter pappiger Mundgeschmack;
- Übelkeit, Magenschmerzen, Magenbrennen;
- Durchfall, abwechselnd mit Verstopfung;
- stark erhöhtes Räusperbedürfnis mit graubraunem Auswurf;
- chronisches Hüsteln mit gelegentlichen schweren Hustenattacken;
- periodische Harnverhaltung und fehlendes Durstgefühl;

◆ extrem trockene, schuppige Haut, strohige Haare (Talgmangel).

Es mischen sich also physische und psychische Abhängigkeitssymptome.

Wie lange braucht Nikotin, um aus dem Körper ausgeschieden zu werden?

Nikotin ist hartnäckig

Die allgemeine Volksmeinung schwankt zwischen sieben Stunden und sieben Jahren. Jüngste Tests, bei denen die Nikotinausscheidung über die Haut gemessen wurde, haben gezeigt, daß Nikotin bis zu einer Woche nach Absetzen noch über die Haut ausgeschieden wird.

Fragen zur Entwöhnung

»Wie gewöhne ich mir bloß das Rauchen ab?« Dieser Stoßseufzer ist der meistgehörte in der Nähe eines Rauchers. Aber auch bei dieser Abhängigkeit gibt es einige Entwöhnungshilfen, wobei es klug ist, sich zuerst einige Fragen ehrlich zu beantworten.

Erstellung eines »Toleranzfragebogens«

1. Wie viele Zigaretten rauchen Sie pro Tag?
   0–15   16–25   26+
2. Wie hoch liegen die Nikotinwerte Ihrer Zigarettenmarke?
   0,3–0,8 mg   0,9–1,5 mg   1,6–2,2 mg
3. Inhalieren Sie?
   Nie   Gelegentlich   Immer
4. Rauchen Sie morgens mehr als zu anderen Tageszeiten?
   Nein   Ja
5. Wann rauchen Sie nach dem Aufstehen Ihre erste Zigarette?
   Nach mehr als 30 Minuten   Nach weniger als 30 Minuten
6. Auf welche Zigarette, die Sie am Tage rauchen, möchten Sie am wenigsten verzichten?
7. Fällt es Ihnen schwer, in Kirchen, Bibliotheken oder an anderen Orten, wo das Rauchen untersagt ist, auf Ihre Zigarette zu verzichten?
   Nein   Ja
8. Rauchen Sie auch, wenn Sie krank sind und den ganzen Tag im Bett liegen müssen?
   Nein   Ja

Die legalisierten Suchtmittel

Auswertung des Toleranzfragebogens
Rechnen Sie Ihre Punktwerte folgendermaßen aus:
1. 0–15: 0; 16–25: 1; 26+: 2
2. Leicht bis mittelstark: 0; Mittelstark: 1; Mittelstark bis stark: 2
3. Nie: 0; Gelegentlich: 1; Immer: 2
4. Nein: 0; Ja: 1
5. Weniger als 30 Minuten: 1; Mehr als 30 Minuten: 0
6. Die erste Zigarette am Tag: 1; Alle anderen: 0
7. Ja: 1; Nein: 0
8. Ja: 1; Nein: 0

Mit Hilfe dieses Fragebogens läßt sich der Grad der physischen Abhängigkeit messen. 0–3: leichte Abhängigkeit; 4–7: mittelstarke Abhängigkeit; 8–11: starke Abhängigkeit.

Benutzen Sie diesen Fragebogen bei Ihrer Nikotinentwöhnungskur. Jeder Punkt weniger ist ein Schritt nach vorn. Wenn Sie Ihren täglichen Zigarettenkonsum zum Beispiel unter 25 halten, können Sie einen Punkt abziehen. Wenn Sie von einer Zigarettenmarke mit hohem Nikotinwert auf eine mit mittleren Werten umsteigen, können Sie einen weiteren Punkt abziehen usw. Regelmäßige Selbstkontrollen mit Hilfe dieses Fragebogens sind ein Anhaltspunkt für den jeweiligen Erfolg oder Mißerfolg Ihrer Entwöhnungskur. Ein ständiges Sinken Ihrer Punktewerte dagegen sollten Sie sich auf ein bestimmtes Ziel konzentrieren, um Schritt für Schritt wieder auf Ihre letzte Bestleistung zu kommen.

Fragebogen benützen

Ordnung im Willenshaushalt. Will ich eigentlich wirklich, aus vollster Überzeugung, mit dem Rauchen aufhören?

Motivationsbildung. Welche Motive habe ich, mit dem Rauchen aufzuhören? Körperliche Unpäßlichkeiten? Angst vor nikotininduzierten Krankheiten (Raucherbein, Raucherkrebs)? Um meine Umgebung nicht zu belästigen? Um mir und den anderen meine Willensstärke zu beweisen?

Hinderungsgründe. Was hat mich bislang gehindert, mit dem Rauchen aufzuhören? Die Angst, es nicht zu schaffen? Die Angst vor Gewichtszunahme? Die Angst vor Rückfällen? Die Angst vor den Entzugserscheinungen? Es sind auch hier wieder die verschiedensten Ängste, die uns veranlassen, »bei der Stange zu bleiben«, auch wenn die innere Überzeugung in eine völlig andere Richtung weist.

Die Entwöhnung
Wenn man mit sich über die oben genannten Fragen im reinen ist, hat man bereits mehr als die Hälfte des Problems gelöst.

Der zweite aktive Schritt zur Entwöhnung ist dann nur mehr rein »technischer« Natur. Hier gibt es im wesentlichen zwei Möglichkeiten:

Die öffentliche Fristsetzung – die 10-Prozent-Regel. Vergleichende Untersuchungen räumen dieser Methode mit Abstand die besten Erfolgschancen ein. Man setzt sich eine Frist, die mit einem Stichtag, dem Tag, an dem man die letzte Zigarette raucht, abgeschlossen wird. Dieses Vorhaben verkündigt man öffentlich, so daß möglichst viele Menschen im näheren Umfeld darüber Bescheid wissen. Dann wird Tag für Tag der Zigarettenkonsum um jeweils 10 Prozent der ursprünglichen Dosis reduziert, bis der Stand 0 erreicht ist.

Diese Methode weist mehrere Vorteile auf: Durch das schrittweise Reduzieren werden die Entzugserscheinungen nicht besonders unangenehm empfunden. Durch die öffentliche Deklaration setzt man sich selbst unter Druck und erhält zudem die moralische Unterstützung von wohlmeinenden Mitmenschen.

◆ Die radikale Methode
Im Gegensatz zur Alkoholentwöhnung ist für die meisten Menschen jedoch die radikale Nikotinentwöhnung – von einem Tag zum anderen – die leichter zu bewältigende Variante. Und wie schon erwähnt, liegt die körperliche Entwöhnungszeit, in der die Entzugserscheinungen auftreten können, bei maximal einer Woche. Die seelische Abhängigkeit dauert freilich in den meisten

Die legalisierten Suchtmittel

Fällen noch länger an – bei manchen Menschen ein Leben lang.

Auch hier wäre der Idealzustand darin zu sehen, daß das Rauchen als aromatischer Bestandteil und Abschluß einer Mahlzeit oder als gelegentliche Belohnung nach besonders schwierigen Erledigungen angesehen und mit voller Aufmerksamkeit und mit Genuß betrieben wird. Die Zigarette soll und darf nicht als »Pausenfüller« eingesetzt werden!

Die oberste Grenze, ab welcher das Rauchen statistisch definitiv gesundheitsschädigend zu werden beginnt, liegt übrigens bei 15 Zigaretten pro Tag!

Psychopharmaka
- Appetitzügler
- Hypnotica – Schlafmittel
- Sedativa, Tranquilizer – Beruhigungsmittel
- Analgetica – Schmerzmittel
- Antidepressiva – Mittel gegen Depressionen
- Thymoleptica, Psychostimulantien, Weckamine – leistungsfördernde Mittel
- Psychedelica, »Designerdrogen« – bewußtseinserweiternde Mittel

Es würde den Rahmen dieses Buches bei weitem sprengen, wollte man auf jede Substanzgruppe gesondert eingehen. Eines steht jedoch mit absoluter Sicherheit fest: Alle diese Mittel machen – ohne jede Ausnahme – bei längerem Gebrauch schwer süchtig!

Der Suchtverlauf

Dabei folgt der Suchtverlauf immer dem gleichen Schema. Nach einer unterschiedlichen Anfangsphase, in der die beabsichtigte jeweilige Hauptwirkung dominiert, schließt die »paradoxe« Folgewirkung an. Das heißt – Schlaf- und Beruhigungsmittel wirken aufputschend, Aufputschmittel machen müde. Zuletzt werden bei längerem, höher dosiertem Gebrauch der genannten Substanzen die Müdigkeitsphasen immer länger und dominieren schließlich total.

Beschleunigt und intensiviert wird dieser Verlauf entscheidend durch zusätzlichen Alkoholkonsum. Es kommt immer früher zu dem entscheidenden ersten »Kontrollverlust«, der jeder Sucht eine tödliche Wende geben kann. Man ist vorübergehend nicht mehr Herr seiner Gedanken und seiner Sinne. Man bewegt sich in einer irrealen Welt, in der Halluzinationen, Wahnvorstellungen, komplette Fehleinschätzungen der momentanen Situation und ähnliches mehr die eigenen Handlungen diktieren.

Das ist meist der berüchtigte »point of no return«, ab diesem Zeitpunkt ist eine Entwöhnung ohne fremde fachkundige Hilfe kaum mehr möglich!

Die nichtlegalisierten Suchtmittel

Es sind damit die Drogen im klassischen Sinn gemeint, die ja auch unter dem Begriff »Rauschgifte« bekannt sind. Doch soll auch bei diesem schicksalsträchtigen Thema lediglich eine kurze Aufstellung der wichtigsten Substanzgruppen gebracht werden, da es unmöglich ist, jede einzelne hinsichtlich ihrer spezifischen Wirkungsweise zu beschreiben.

Hanf – Cannabis sativa

Marihuana und Haschisch
Aus den Blättern der indischen Hanfpflanze wird »Marihuana« gewonnen, das Harz der Pflanze enthält »Haschisch«. Beide Stoffe werden meist mit Tabak vermischt und geraucht, wobei Haschisch eine etwa 5- bis 8fach stärkere Wirkung aufweist als Marihuana.
Beide Drogen wirken euphorisierend, wobei das Glücksgefühl aber – je nach momentaner Gemütslage – auch sehr rasch in eine depressive Stimmung wechseln kann. Es wird diskutiert, ob sie als »Einstiegsdrogen« für andere »harte« Suchtgifte fungieren können. Diese Frage ist bis heute ungeklärt und wird es wohl auch bleiben.

Die nichtlegalisierten Suchtmittel

Mohn – Papaver somniferum
Der Saft des Schlafmohns enthält mehrere psychedelisch wirksame Alkaloide. Das wichtigste davon – »Opium«. Abkömmlinge des Opiums sind »Morphin«, »Heroin« und »Codein«.
Opium, die Rohsubstanz, wirkt hemmend auf sämtliche Funktionen des vegetativen Nervensystems. Morphin und Heroin haben eine ausgeprägt berauschende Wirkung, tragen allerdings ein außergewöhnlich hohes Suchtpotential in sich. Codein wird in manchen Medikamenten wegen seiner hustenstillenden Wirkung eingesetzt. Sein Suchtpotential ist wohl gering, aber dennoch vorhanden.

Opium und seine Folgeerscheinungen

Kokain – Erythroxylum coca
Die getrockneten und pulverisierten Blätter des Kokastrauches werden gekaut, als Tee getrunken, geschnupft oder gespritzt. Es wirkt sehr rasch euphorisierend und berauschend. Sehr rasch stellen sich allerdings auch schwere Depressionen und Angstzustände ein. Kokain weist ein außerordentlich hohes Suchtpotential auf.

Kokain

Halluzinogene
Das bekannteste Halluzinogen ist LSD (Lysergsäurediäthylamid). Es handelt sich dabei um ein Alkaloid aus dem Mutterkorn, das heute chemisch hergestellt werden kann. Wie alle anderen Halluzinogene führt LSD zu schweren Persönlichkeitsveränderungen, Größenwahn und völligem Realitätsverlust bis hin zur Schizophrenie. Trotz dem zumeist sehr hohen Suchtpotential der genannten Substanzen gelingt es dennoch mehr als der Hälfte der Abhängigen, aus eigener Kraft wieder »auszusteigen«.
Das ist eine Verheißung für die Zukunft.

LSD

*Wenn man nicht bis zum Äußersten geht,
lernt man sein Innerstes nicht kennen.*

Das Phänomen Schmerz

Der Schmerz ist unser Freund.

Der Schmerz, dieses eigenartige, bis heute unerforschte Phänomen, begleitet uns durchs Leben – von der Wiege bis ins Grab. Schmerz ist ein Ausdruck dafür, daß der Körper irgendeinen Schaden erleidet. So besehen, stellt er einen lebenswichtigen Schutzmechanismus dar. Gäbe es ihn nicht, so würden wir wohl nicht sehr lange überleben.

Körperlicher Schmerz In der Anfangsphase ist der Schmerz immer körperlicher Natur, und seine Intensität richtet sich nach dem Ausmaß der körperlichen Schädigung. Er stellt außerdem den Intensitätsgipfel von anderen körperlichen Empfindungen dar: Wenn wir beispielsweise mit einer Bleistiftspitze auf unsere Handfläche drücken, so spüren wir als erstes die Berührung, danach den Druck, danach den Schmerz.

Bekanntermaßen hat der Schmerz auch unterschiedliche »Qualitäten« wie z. B. brennend, stechend, ziehend, bohrend, krampfartig, reißend, flutend, unterschwellig dumpf usw.

Jeder akute Schmerz setzt den Körper unter negativen Streß, was auch gleich die erste automatische Gegenmaßnahme des Organismus darstellt. In der ersten Streßphase, der Alarmphase, ist die allgemeine Schmerzempfindlichkeit stark herabgesetzt. Wenn wir uns für Kampf oder Flucht bereit machen, können wir Schmerz nicht brauchen. So können etwa auch chronische Schmerzen für kurze Zeit zur Gänze verschwinden, wenn wir uns »im Streß« befinden, sei es in positiver oder negativer Hinsicht.

Im Normalfall klingt jeder Schmerz, entsprechend dem

Heilungsprozeß, von selbst wieder ab – es sei denn, die Seele beginnt »mitzureden«.

Wenn ein Schmerz einen vermeintlich ungewöhnlich langen Zeitraum andauert, obwohl die verursachende Verletzung oder Krankheit bereits wieder abgeheilt ist, mischen sich seelische Emotionen ein. Wir werden ein zweites Mal auf ihn aufmerksam gemacht, und es beginnt sich zum ersten Mal die Angstspirale zu drehen: Welcher Schmerz peinigt uns da? Da muß noch etwas anderes dahinter sein! Das ist doch nicht normal! – Solche und ähnliche Gedanken schwirren durch den Kopf. **Wenn die Seele mitredet ...**

Zum Schmerz mischt sich Angst, und aus dem akuten wird der chronische Schmerz. Es ist eine lange bekannte psychologische Tatsache, daß der Schmerz umso mehr an Intensität gewinnt, je mehr Aufmerksamkeit man ihm schenkt.

Beim chronischen Schmerz sind dann, nahezu ausnahmslos, seelische Komponenten dominierend. Der Schmerz wird zum Instrument, um die eigene Persönlichkeit aufzuwerten. Schmerzen ertragen – das ist ein heroischer Vorgang, der Anerkennung verdient; vor sich selbst und von anderen. Auf diese Weise wird der Angstschmerz allmählich zum lebensbestimmenden Element. **Chronischer Schmerz**

Schmerz ist Gottesstrafe.
Der Schmerz ist außerdem ein sehr brauchbares und beliebtes Mittel, um Schuldgefühle abzubauen: Womit habe ich das verdient? Was habe ich denn angestellt, daß ich derart leiden muß?! Wofür will mich denn das Schicksal derart hart bestrafen?

In dieser Phase kann ein Schmerz tatsächlich als Mittel zur Tilgung von Schuld und Sünde dienen. Er ist zu einem subjektiven Beziehungsmuster geworden, meist ohne jegliche körperliche Korrelation.

Die Schmerzpersönlichkeit

Etwa ein Drittel aller Menschen haben eine besonders innige Beziehung zum Schmerz. Von allen seelischen Empfindungen hat er für sie den größten Stellenwert. Sie hätscheln und pflegen ihn; sie gehen richtiggehend in ihm auf. Ihnen ist es zu danken, daß die Analgetica (Schmerzmittel) zu den meistverkauften Medikamenten überhaupt geworden sind. Sie haben von vornherein eine erhöhte Bereitschaft, den Schmerz anzunehmen, die offensichtlich in der Kindheit bereits programmiert wird. Solche Menschen sind zumeist auch überängstlich, egoistisch, egomanisch, einsam, eitel und von schwer gestörtem Selbstvertrauen.

Schmerzbereitschaft ...

Wie geht's Dir? Danke, schlecht!
Sie bewegen sich im Teufelskreis der Angst, vor allem der Angst vor ihren Schuldgefühlen. Und jeder Mensch, der in Angst lebt, möchte den anderen in seinen Angstkreis hineinziehen. Er möchte Mitleid erregen. Das probateste Mittel dafür ist nun einmal der Schmerz. In solchen Fällen ist der Schmerz ein Hilfeschrei, ein verzweifelter Ruf nach mehr Aufmerksamkeit und Zuwendung. Es macht die besten Ärzte aus, die diese Tatsachen durchschauen und danach handeln.

... um Mitleid zu erregen

»Der Arzt ist die Arznei.«
(PARACELSUS VON HOHENHEIM)

Hilfen gegen den Schmerz
Wie schon vorher erwähnt, gibt es Menschen, die den Schmerz für ein zufriedenstellendes Dasein brauchen. An diese sind die folgenden Worte gerichtet.
Grundvoraussetzung für eine erfolgreiche Bekämpfung chronischer Schmerzen ist – so eigenartig das auch klingen mag – der feste innere Entschluß, den Schmerz auch wirklich loswerden zu wollen! Wenn dies gegeben ist, geht man am besten folgendermaßen vor:

Die Schmerzpersönlichkeit

Anlegen eines Fragebogens zur Schmerzanalyse:
Wann hat der Schmerz begonnen?
- ohne erkennbaren Grund
- nach einem Unfall
- nach einer Operation
- nach einem seelischen Schock
- nach einer längeren Autofahrt
- nach übermäßiger körperlicher Belastung
- nach einer opulenten Mahlzeit
- in der Pubertät
- in den Wechseljahren
- in der Schwangerschaft

Wo tritt er auf?
- an einer bestimmten Stelle im Körper
- an mehreren Stellen gleichzeitig
- an wechselnden Körperregionen
- diffus über bestimmte Körperregionen verteilt

Wann tritt er auf?
- morgens beim Aufstehen
- vor dem Essen
- nach dem Essen
- nachts im Bett
- kontinuierlich, ohne Unterbrechungen

Wie ist er charakterisiert?
- schneidend, stechend, brennend
- dumpf bohrend
- blitzartig, ohne Vorwarnung
- unterschwellig
- flutend, wandernd

Wodurch wird er ausgelöst oder verschlimmert?
- durch Wetterumschwünge, durch Kaltfront oder Warmfront
- durch bestimmte körperliche Tätigkeiten
- durch Stehen, Liegen, Sitzen, Knien
- durch Essen oder Trinken
- durch die Menstruation
- durch die Anwesenheit bestimmter Personen

Fragebogen zur Schmerzanalyse

◆ durch bestimmte Streßfaktoren

Allein durch eine gewissenhafte Schmerzanalyse kann man bereits den allermeisten möglichen Schmerzursachen auf den Grund gehen. Nachdem dieses Buch »Heilmittel für die Seele« aufzeigen will, sollen hier die rein körperlichen Methoden der Schmerzbekämpfung außer acht gelassen werden.

Seelische Hilfsmittel gegen Schmerz

Folgende seelische Hilfsmittel helfen gegen Schmerz:
- ◆ Reden Sie mit anderen Menschen über »Ihren« Schmerz. Zer-reden Sie den Schmerz! Gehen Sie soweit wie möglich ins Detail. Entkleiden Sie den Schmerz und damit die Angst ihrer Masken. Reden Sie immer wieder mit Ihrem Schmerz. Sagen Sie ihm, daß er keine Bedeutung für Sie hat, daß er sich nicht so wichtig machen möge usw. Und – strafen Sie ihn mit Verachtung.
- ◆ Versuchen Sie, vor sich und anderen zu analysieren, welche Angst Ihrem Schmerz zugrunde liegt. Es wird in allermeisten Fällen die Angst vor einer schweren Krankheit sein – allen voran Krebs!
- ◆ Stellen Sie sich die Frage, ob Sie wirklich alles medizinisch Mögliche getan haben, Ihrem Schmerz auf den Grund zu gehen. Wenn nicht, dann holen Sie es nach.
- ◆ Stellen Sie sich die Frage, wie groß Ihr Anteil an Selbstmitleid, an Aufmerksamkeits-Heischen, an Wunsch nach Zuwendung ist.
- ◆ Benutzen Sie bewußt Ihre Hände als Heilmittel. Die Natur gibt das ohnehin vor. Wir pressen beim Auftauchen eines Schmerzes instinktiv die Hände auf die schmerzende Stelle. Die Mutter legt ihrem Kind die Hände auf, wenn es über Schmerzen klagt. Wenden Sie also diese Methode systematisch an sich selber an. Legen Sie mehrmals täglich Ihre Hände auf die schmerzende Stelle und versuchen Sie bewußt die heilende wärmende Kraft, die, von Ihren Handflä-

chen ausgehend, in Ihren Körper strömt, einzusetzen und zu empfinden. Jeder Mensch trägt diese heilende Kraft in sich – ausnahmslos. Es kommt nur darauf an, sie aus dem Schlaf zu erwecken.
◆ Erfüllen Sie in Ihrer Vorstellung die schmerzende Region mit Wärme und Licht.
Am Beispiel Kopfschmerz: Legen Sie Ihre Handflächen beidseitig auf Schläfen und Schädeldecke. Versuchen Sie zu empfinden, wie ein lindernder heilender Kraftstrom von einer Handfläche zur anderen flutet. Gleichzeitig stellen Sie sich vor, Ihr Kopf sei ein Feuerball, ein Hohlraum, erfüllt von Wärme und Licht.
Halten Sie diese Vorstellungen aufrecht, solange es Ihnen leicht gelingt. Diese Zeitperiode wird sich immer mehr verlängern.
Der Schmerz kann unser größter Feind sein, aber auch unser bester Freund.

Die »Unfallpersönlichkeit«

So wie es die Schmerzpersönlichkeit gibt, gibt es zweifellos auch die »Unfallpersönlichkeit«! Das ist mittlerweile psychologisch hinlänglich bewiesen. Es gibt schlicht und einfach Menschen, die in ihrem Leben überdurchschnittlich oft Unfälle und Verletzungen erleiden.

Im strengen Sinn ist ein Unfall ein Ereignis, dessen Ursache sich der Kontrolle des Betroffenen entzieht. Ein auf den Kopf eines Fußgängers herabfallender Dachziegel ist ein zufälliges Unfallereignis, das ohne Vorwarnung und ohne jegliche unbewußte Absicht des Betroffenen passiert. Das gleiche würde etwa gelten, wenn jemand bei einem Flugzeugabsturz ums Leben kommt. Die meisten Unfälle in Haushalt, Freizeit, Sport, Straßenverkehr usw. sind jedoch anderer Art. Der einen Unfall Erleidende nimmt in irgendeiner Form aktiven Anteil an dessen Verursachung. Wenn solche Ereignisse einem einzelnen

Unfall ist nicht gleich Unfall

Menschen öfter widerfahren, wird im landläufigen Sinn angenommen, er sei ungeschickt, unkonzentriert, ermüdet, geistig abwesend, durch Drogen in seiner Reaktionsfähigkeit beeinträchtigt u. dgl. Anderenfalls hätte er den Unfall ja vermeiden können.

Modernste psychoanalytische und psychosomatische Forschungen haben aber ein anderes Persönlichkeitsprofil eines solchen Menschen zutage gefördert. Es sind also nicht die oben erwähnten, grob charakterisierten Eigenschaften vordergründig; ausschlaggebend für die Unfallneigung scheint eher die Gesamtstruktur der Persönlichkeit zu sein.

Die Statistik zeigt, daß ein Mensch, der einmal einen schweren Unfall erlitten hat, mit größerer Wahrscheinlichkeit weitere Unfälle erleidet, als Menschen, die niemals Opfer eines Unfalles geworden sind.

Was sind die prädisponierenden Eigenschaften der »Unfallpersönlichkeit«?

Eigenschaften der »Unfallpersönlichkeit«

Der Mensch, der überdurchschnittlich oft Unfälle erleidet, hat große Entschlußkraft bis hin zur Impulsivität; er konzentriert sich auf unmittelbare Vergnügungen und Befriedigungen jeglicher Art. Er ist das, was man »spontan« nennt. Er liebt und provoziert Aufregungen und Abenteuer. Und er schätzt es nicht, zu planen und für die Zukunft zu arbeiten. Eine große Zahl der Menschen mit Unfallneigung hat eine strenge Erziehung hinter sich und hat daher ein großes Maß an Mißtrauen und inneren Widerständen gegen Autorität zurückbehalten.

Kurz, es sind Menschen des Handelns, nicht des Planens. Sie sind geneigt, ihren jeweiligen Augenblicksregungen zu folgen. Sie sind aufsässige Rebellen gegen äußere Autoritäten, gegen das »establishment«, gegen ihre eigene Vernunft und Selbstbeherrschung und gegen die der anderen.

Unfallpersönlichkeiten sind den Schmerzpersönlichkeiten sehr ähnlich, was ihre Einstellung zu Schuld, Frevel und Sünde betrifft. Sie glauben in ihrem Innersten, eine Schuld sühnen, eine Sünde ausmerzen zu müssen. Der Unfall dient – wie der damit verbundene Schmerz – als Mittel zum Zweck ...

Diese Deutungen mögen bis zu einem gewissen Grad abenteuerlich erscheinen, beruhen aber allesamt auf umfassenden Fallstudien.

Die »Operationspersönlichkeit«

Eine letzte Variante in dem Reigen derjenigen Menschen, die letztlich ein »gestörtes Verhältnis« zum Schmerz haben, ist die »Operationspersönlichkeit«. Jeder von uns kennt solche Menschen, die in ihrem Leben unzählige – notwendige oder unnotwendige – Operationen hinter sich gebracht haben. Sie nötigen uns zumeist gezwungenermaßen Bewunderung und Anerkennung ab, wodurch gleich ein elementares seelisches Bedürfnis bei den Betroffenen erfüllt wird. Jeder normal empfindende Mensch versucht instinktiv, einer Operation so lange wie möglich auszuweichen. Der psychische Hintergrund dafür ist die Scheu vor der Wehrlosigkeit und dem Ausgeliefertsein gegenüber den Unwägbarkeiten der Narkose, der Operationstechnik und der Kunst des Chirurgen. Was ist, wenn der Narkoseapparat versagt? Was ist, wenn der Chirurg einen schlechten Tag hat? Was ist, wenn ich selbst in einer schlechten Verfassung bin?

Es gibt nun eben absurderweise Menschen, die alles dieses arglos über sich ergehen lassen; ja, die sogar darauf dringen, ihre Leiden möglichst oft durch Operationen beheben zu lassen, auch wenn andere schonendere Verfahren zur Verfügung stünden. Sie benutzen den Chirurgen und die medizinische Technik als Erfüllungsgehilfen für ihre eigene Unfähigkeit zur Selbstverantwortung. Und – wieder einmal – um Aufmerksamkeit

Eigenschaften der »Operationspersönlichkeit«

und Zuwendung zu erlangen. Dafür ist ihnen sogar das stets riskante Mittel der Operation recht – und das ohne Rücksicht auf Kosten und Aufwand.

»**Parasiten der Gesellschaft**« So herz- und verständnislos dies auch klingen mag – solche Menschen sind in der Mehrzahl als »Parasiten der Gesellschaft« einzustufen; selbstverständlich aber streng abgetrennt von denjenigen, die unfreiwillig mehrere Operationen über sich ergehen lassen müssen, weil sie sonst nicht überleben würden!

Schmerzen, Unfälle, Operationen – sind eines Wesens.

Kampf der Müdigkeit – Kampf der Depression

Streß macht müde.
Angst macht müde.
Seelischer Kummer macht müde.

Müdigkeit – Leiden der Menschheit

Das Phänomen Müdigkeit stellt wohl mit Abstand das am weitest verbreitete Leiden der Menschheit dar. Und es kann zu einem alles beherrschenden Lebensfaktor werden.
Es gibt sie in unzähligen Varianten:

- Die körperlich begründbare »normale« Müdigkeit: Sie tritt nach schweren körperlichen Belastungen zutage und ist als Aufruf des Körpers zu werten, wieder für Ruhe und Nachschub neuer Energien zu sorgen. Man könnte sie auch mit dem Begriff Erschöpfung gleichsetzen. Nach einer entsprechenden Erholungspause verschwindet sie wieder von selbst.
- Die Müdigkeit nach längerer Schlaflosigkeit: Die »bleierne« Müdigkeit nach einer durchwachten Nacht, ist für jeden von uns ein Begriff. Experimente der modernen Schlafforschung haben ergeben, daß der Mensch wohl mehrere Tage ohne Schlaf unbeschadet übersteht. Es stellen sich dann allerdings Halluzinationen, delirante Zustände, Wahnvorstellungen u. dgl. ein. Nach einer einzigen – etwas längeren – durchschlafenen Nacht ist der Spuk dann üblicherweise verschwunden und das Schlafdefizit ohne Nachwirkungen wieder aufgeholt.
- Die Müdigkeit nach dem Essen und Trinken: Diese

Müdigkeit durch ...

... körperliche Anstrengung

... längere Schlaflosigkeit

... Essen und Trinken »wohlige« Müdigkeit nach dem Essen beruht darauf, daß in dieser Zeit eine Blutumverteilung erfolgt. Das Blut wird vermehrt im Bauchraum gesammelt, um eine ordnungsgemäße Verdauung zu gewährleisten, und wird so dem übrigen Körper, vor allem dem Gehirn entzogen. Das äußert sich dann unter anderem auch als Müdigkeit und gesteigertes Schlafbedürfnis.

Die Frage dazu lautet: Soll man dem nachgeben, oder soll man versuchen, sie zu überwinden? Man soll dieser Müdigkeit nachgeben und – nach Möglichkeit – ein »Mittagsschläfchen« einlegen. Es gibt dazu wiederum umfangreiche Untersuchungen der Schlafforschung, die besagen, daß ein wohlgeplantes Mittagsschläfchen ein gesteigertes seelisches und körperliches Wohlbefinden nach sich zieht und mehrere Stunden Nachtschlaf erspart. Also nichts wie nach dem Essen ins Bett!

... Alkohol ◆ Die Müdigkeit nach übermäßigem Alkoholkonsum: Alkohol wirkt bekanntermaßen zunächst belebend oder gar aufputschend, um nach relativ kurzer Zeit zu einem narkoseähnlichen Tiefschlaf zu verhelfen.

... Unterzuckerung ◆ Das »Hypoglycämie-Syndrom«: Es handelt sich dabei um eine Form der Müdigkeit, die durch Unterzuckerung, also durch ein Absinken des Blutzuckerspiegels unter einen Normalwert, entsteht. Sie tritt charakteristischerweise vor allem in den späteren Morgenstunden auf, wo der nach dem Energieaufbau durch das Frühstück angestiegene Blutzucker wieder abgebaut wird. Eine einfache Abhilfe dafür besteht darin, das Frühstück möglichst kohlehydratarm und dafür eiweißreich zu gestalten.

... Blutarmut ◆ Die Müdigkeit durch Blutarmut (Anämie): Sie stellt sich bei manchen Mädchen und jungen Frauen oft nach Beginn der Menstruation ein und kann für Jahre zum ständigen Wegbegleiter werden. Sie beruht auf einem Sauerstoffmangel im Gehirn, der durch die ständigen menstruationsbedingten Blutverluste her-

vorgerufen wird. In solchen Fällen sind regelmäßige Eisentherapien von großem Wert.
- ◆ Die »Hypothyreose-Müdigkeit«: Sie wird durch eine längerdauernde Unterfunktion der Schilddrüse hervorgerufen und kommt weit häufiger vor, als man annehmen würde. Sie wird üblicherweise auch von Ärzten und Patienten gleichermaßen weit unterschätzt. Als Müdigkeit des Alters tritt sie interessanterweise fast ausschließlich bei Frauen zutage. Sie äußert sich zudem noch charakteristischerweise in geistiger Trägheit, Apathie, Antriebslosigkeit und einigen körperlichen Phänomenen, die hier nicht näher erläutert werden brauchen. **... Unterfunktion der Schilddrüse**
- ◆ Die Müdigkeit durch Medikamente und andere medizinische Behandlungen: Insbesondere manche »Psychopharmaka« sowie die »Zytostatica« zur Krebsbehandlung, aber auch Bestrahlungsbehandlungen und Operationen (Narkosefolgen) können eine schwere Müdigkeit über Monate hinweg hervorrufen. **... Medikamente**
- ◆ Die Müdigkeit durch Suchtmittel und Drogen. **... Drogen**

Alle diese Formen zusammen werden allein aufgewogen durch die »Müdigkeit der Müdigkeiten« – der seelischen Müdigkeit! **Seelische Müdigkeit**

Seelisch müde sind Menschen, die sich vor sich selbst auf der Flucht befinden. Die moderne Psychologie bezeichnet sie auch als Teil der »lavierten (= hinter einer Maske verborgenen) Depression«. Und wieder einmal stecken als seelische Meuchelmörder verschiedene Ängste dahinter.

In so einem Fall sind Müdigkeit und Depression – sei es endogene, exogene, lavierte oder wie sie alle heißen – absolut gleichzusetzen. Es gibt kaum einen depressiven Menschen, der nicht auch chronisch müde ist (außer in Einzelfällen durch kurzdauernde »manische«, also hyperaktive Phasen). Umgekehrt gibt es kaum einen Menschen, der unter dieser Form der Müdigkeit leidet und

Die Ängste hinter der seelischen Müdigkeit

nicht eine überwiegend depressive Grundstimmung aufweist.

◆ Die Angst vor dem Alltag – der Alltag wird im üblichen Sinn als trostlos empfunden.

◆ Die Angst vor einer scheinbar unlösbaren Situation – es gibt kaum eine Situation, die nicht zur richtigen Zeit auf irgendeine Weise zu lösen wäre.

◆ Die Angst vor einer unliebsamen Partnerschaft, die zu stark an alltägliche Gewohnheiten gebunden ist.

◆ Die Angst vor der Einsamkeit – es gibt niemanden, wirklich niemanden – der einsam sein müßte, wenn er es nicht selbst will und herbeiführt!

◆ Die Angst vor der Sinnleere des Lebens – wenn das Leben keinen Sinn hat, so muß man ihm einen Sinn geben!

◆ Die Angst vor den eigenen Gewohnheiten – Gewohnheiten zu ändern erfordert Kraftanstrengung.

◆ Die Angst vor der eigenen Resignation – diese wird sehr oft als Ausrede benützt, um an seiner Situation nichts ändern zu müssen.

◆ Die Angst vor den eigenen Schuldgefühlen – Schuldgefühle sind zerstörerische Kräfte, die jede Eigeninitiative im Keim ersticken.

◆ Schließlich: Die Angst vor den eigenen Ängsten – das ist der eigentliche Grundgedanke dieses Buches.
Leid ist Lüge!
(Bibel)

Die hier gemeinte seelische Dauermüdigkeit kann selbstverständlich auch ein Anzeichen für eine unentdeckte schwere Erkrankung sein (man spricht in diesem Zusammenhang nicht zu Unrecht von »konsumierenden Krankheiten«. Sie geht auch oft mit Schlaflosigkeit einher. Man ist buchstäblich zu müde, um zu schlafen. Grundsätzlich gilt, daß jede chronische Müdigkeit, jede chronische Depression – mit bekannter oder unbekannter körperlicher Ursache – Anlaß für eine gründliche

Müdigkeit – Leiden der Menschheit

klinische Durchuntersuchung des Betroffenen sein sollte!

Man könnte alle diese Ängste in einen Sammelbegriff fassen:

Die schon erwähnte »Angst vor der Endgültigkeit«.

Wer nun wahrhaft und in Ehrlichkeit vor sich selbst diese »seine Müdigkeit, die ja zu einem Lebensbegleiter geworden ist, wieder loswerden möchte, der muß zuallererst einen Schritt tun, der zum schwierigsten im Leben gehört – den »Schritt über sich selbst«. Er muß seine Trägheit überwinden, wie ein Hochspringer die Schwerkraft überwindet. Es ist oft die Aufbietung aller vorhandenen Kräfte vonnöten, um sich aus dem Morast der Müdigkeit zu befreien.

Die Angst vor der Endgültigkeit

Dieser Schritt über sich selbst ist nichts anderes als die Selbsterkenntnis, oder besser gesagt das Selbstbekenntnis, daß man diese seine Müdigkeit wirklich loswerden möchte und daß man bereit ist, alles einzusetzen, um dieses Ziel zu erreichen!

Was gibt es für Hilfen und Hilfsmittel zur Erreichung dieses Zieles?

Hilfsmittel Nr. 1 bei allen Problemen, die sich im psychosomatischen, im seelisch-körperlichen Bereich bewegen: Mit dem Körper anfangen!

Eine amerikanische Forschergruppe hat sich jahrelang und in umfangreichen Reihenuntersuchungen dieser Problematik angenommen und ist dabei zu überaus simplen Ergebnissen gekommen: Müdigkeit und Depression, die ja eng verwandt sind, können allein durch leichtes, aber regelmäßiges körperliches Ausdauertraining größtenteils zum Verschwinden gebracht werden. Das hört sich unglaublich an, ist aber durch die genannten Untersuchungen belegt.

Leichtes Ausdauertraining

Die Untersuchten wurden in zwei Gruppen geteilt, wovon die eine auf die übliche Weise medikamentös behandelt wurde, die andere aber durch mehrere Wochen zu einem täglichen kontrollierten Schnellgehtraining (nicht Laufen!) angehalten wurde. Nach einigen Wochen war die Sportgruppe in puncto körperlicher und geistiger Aktivität der Medikamentengruppe weit voraus!

Viele, vor allem ältere Menschen scheuen vor sportlichen Tätigkeiten zurück, weil sie ihnen zu anstrengend sind. Schnellgehen ist weit weniger anstrengend, scheint aber durchaus die gleiche Wirkung zu haben. Einziger Haken bei der Angelegenheit – man muß es durchführen, und zwar täglich je ½ Stunde und einmal wöchentlich ausgiebiger.

»Tun«, heißt aber die Devise!

»*Es gibt im Leben nichts Gutes, außer man tut es!*«
(ERICH KÄSTNER)

Heilatmung Heilatmung gegen Müdigkeit und schlechte Laune: Die Hechelatmung. Sie besteht einfach darin, daß man in Rückenlage längere Zeit kurz ein- und ausatmet und danach – unter Zeitkontrolle – die Luft anhält, solange es möglich ist. Das Ganze wiederholt man mehrmals täglich. Man wird feststellen, daß die Atemkapazität in kurzer Zeit deutlich zunimmt und daß während oder kurz nach Durchführung der Übung ein deutlich spürbares Frischegefühl im Kopf auftritt, allmählich mehrere Stunden anhält (siehe auch »Das körperliche Universalprogramm gegen die Angst«).

Kaffee Man ist selbstverständlich geneigt, die Müdigkeit und auch die Depression immer wieder durch Konsum von sogenannten »Aufweckern« zu bekämpfen, und der Kaffee ist dabei der Aufwecker Nr. 1. Und diesem Fall wäre anzumerken, daß ein Umstieg von Kaffee auf Tee sehr vielversprechend ist. Tee wirkt bei den meisten Menschen milder und länger anhaltend.

Medikament Ein kurzes Wort zu der medikamentösen Bekämpfung der beiden Volksleiden Müdigkeit und Depression: Alle im Handel befindlichen Präparate führen bei unkontrollierter Einnahme ausnahmslos zur Sucht. Das gleiche gilt für »energy« oder »power drinks« jeglicher Art.

Gewissenserforschung

Ein zwar dürftiges, aber immerhin praktikables Hilfsmittel ist die schriftliche Gewissenserforschung:
Man setzt sich also in Ruhe in eine Ecke, nimmt Schreibstift und Papier zur Hand und notiert folgende Fakten:

- Warum bin ich müde?
- Wovor habe ich Angst?
- Ist diese Angst begründet oder existiert sie nur in meiner Phantasie?
- Wenn sie begründet ist, was kann ich gegen sie tun?
- Wenn ich etwas gegen sie tun kann, was sind die nächsten Folgen?
- Was kann ich jetzt an meinem Leben ändern?
- Was könnte ich in absehbarer Zeit an meinem Leben ändern?
- Was könnte ich in weiterer Zukunft an meinem Leben ändern?
- Wie sehe ich meine Zukunft? Düster? Trostlos? Hoffnungsfroh?
- Wenn ich etwas an meinem Leben ändern könnte, warum habe ich es bisher nicht getan?

Ich fasse also die notwendigen Beschlüsse!

Die Menschen sind schlecht,
sie denken an sich.
Nur ich denk an mich!
(Norddeutscher Sinnspruch)

Depression – Krankheit unserer Zeit

Definition

Der moderne Ausdruck Depression bedeutet sinngemäß »Niedergeschlagenheit« und stellt die zeitweilige oder ständige Unfähigkeit dar, Freude am Leben zu empfinden. In Zeiten der Depression geht jeglicher Sinn am Leben verloren.

Im wesentlichen unterscheiden wir zwei Formen der Depression:

Exogene Depression	◆ Die exogene Form – sie tritt oft als Folge von Schicksalsschlägen in Erscheinung, etwa nach beruflichen Niederlagen, nach Todesfällen, nach schweren Krankheiten, nach Verlust des Partners usw. Sie ist meist nur von kurzer Dauer und kann in vielen Fällen durch Änderung der Lebensumstände, durch seelischen Zuspruch oder durch psychologische Behandlung behoben werden. Die exogene Depression ist gewissermaßen die »harmlose« Form, die von Zeit zu Zeit jeden Menschen überkommt.
Endogene Depression	◆ Die endogene Form – sie kommt heimtückisch, sozusagen wie »der Dieb in der Nacht«, und kann dem Menschen das Leben buchstäblich zur Hölle machen. Sie hat meist keine erkennbare Ursache, obwohl im Hintergrund oft chronische körperliche Leiden stehen, wie z. B. Darmträgheit, hormonelle Mangelerscheinungen oder Durchblutungsstörungen im Gehirn.
»Maskierte« Angst	Vom rein »menschlichen« Standpunkt her betrachtet steht hinter jeder Depression die Angst! Die Depression ist eine klassische Ausdrucksform der »maskierten Angst«. Man ist von der Angst gefesselt und nicht – oder nur sehr selten – imstande, Gedanken zu fassen, die einen befreien könnten. Und darin liegt auch die Lösung des Rätsels »Depression« – im Aufdecken von zwanghaften Gedanken, die keinen Optimismus aufkommen lassen.

Das Hauptproblem bei der Behandlung und Heilung der Depression liegt zumeist im mangelhaften oder fehlenden Willen des Betroffenen. Er betrachtet Hilfe häufig als Einmischung in seine Privatsphäre oder in seine seelischen Angelegenheiten. Es ist ihm meist jedes andere Mittel recht, seine Niedergeschlagenheit zu verdrängen oder zu kaschieren, sei es auch um den Preis, in eine andere – noch gefährlichere – Abhängigkeit zu geraten, wie z. B. von Psychopharmaka, Alkohol oder Drogen ...

Und trotzdem gibt es Wege aus der Depression. Auch wenn es noch so absurd klingen mag: Die meisten depressiven Menschen sind imstande, sich selbst zu helfen, wenn sie es nur wollen! Wichtig ist vor allem, daß sie auch imstande sind, zu wollen.

Wege aus der Depression

Das folgende Sieben-Punkte-Programm stellt einen erprobten Weg aus der Depression dar:

1. DIE GEWISSENSERFORSCHUNG
Versuchen Sie, die Gründe für Ihren Zustand aus der Vergangenheit und der Gegenwart möglichst präzise zu erforschen. Halten Sie die Ergebnisse Ihrer Nachforschungen schriftlich fest.

Gewissenserforschung

2. DAS WOLLEN
Stellen Sie sich ernsthaft die Frage, ob Sie wirklich dieser Situation entkommen möchten oder ob Sie lediglich die Umwelt auf sich aufmerksam machen wollen. Leid hat eine gewisse verderbliche Anziehungskraft.

Wollen

3. DAS VERTRAUEN
Fragen Sie sich, ob Sie noch einen Rest an Vertrauen in Ihre eigenen Fähigkeiten und in die Hilfe eines gütigen Schicksals haben.
Es gibt nur in den allerwenigsten Fällen wirklich keinerlei positive Aspekte im Leben. In der Angsthypnose bemerkt man diese allerdings viel zu selten.

Vertrauen

4. DER OPTIMISMUS
Versuchen Sie – auch wenn es Ihnen schwerfällt –, alle erfreulichen Faktoren Ihres Lebens zu analysieren. Machen Sie auch davon eine Niederschrift.

Optimismus

5. DIE ÄUSSERE AKTIVITÄT
Sie ist wahrscheinlich der wichtigste Punkt bei der Bekämpfung der Depression. Versuchen Sie, alle Möglichkeiten der Medizin auszuschöpfen, um den Körper zu entgiften und ihn mit frischen Kräften zu versorgen. Hierfür geeignet sind z. B. Diätkuren, Darmreinigungsbehandlungen («Darmwäsche»), Sauerstoff-Ozon-Kuren und regelmäßige Bewegung an der frischen Luft.

Äußere Aktivität

Körperliche Entgiftung bringt auch seelische Entgiftung mit sich!

Auto- 6. DIE POSITIVE AUTOSUGGESTION
suggestion (siehe das Kapitel »Imagination«)
Meditation 7. DIE MEDITATION
(siehe das Kapitel »Meditation«)
Versuchen Sie darüber hinaus, die Verwendung von Psychopharmaka auf ein Minimum zu beschränken. Sie verändern durch ihren Einfluß Ihre Persönlichkeit, ohne daß Sie es bemerken. Sie lähmen Ihren Willen und beschränken so die Möglichkeit zur Selbsthilfe.

Psychopharmaka sind lediglich zur Überbrückung von tiefsten Phasen der Niedergeschlagenheit geeignet.

»Du darfst niemals den Mut verlieren, so trübe sich auch die Wetterwolken über Deinem Haupte zusammenballen mögen!«
(BO YIN RA, Das Buch vom Glück)

Jede »Schlaflosigkeit« hat ihre Ursachen

Schlaflosigkeit wird gerne als »gottgewollt« und unabänderlich hingenommen.
Schlaflosigkeit ist weder gottgewollt noch unabänderlich. Sie hat immer einen Grund, der zumeist, bei einigermaßen nüchterner Betrachtungsweise, recht leicht gefunden werden kann.
Es gibt wenige körperlich verursachte und mehrere seelisch bedingte Formen der Schlaflosigkeit. Und es gibt bekanntlich sogenannte Einschlaf- und Durchschlafstörungen.

Schlafstörungen

Wobei hinzugefügt werden muß: Schlaflosigkeit ist eigentlich keine Schlaf-losigkeit, dem Wortsinn nach, sondern immer eine Verschiebung des Schlafrhythmus. Der Ausdruck »Schlafstörungen« wäre daher aussagekräftiger und korrekter. Aber bleiben wir zunächst bei dem eingeführten Begriff.
Schlaflosigkeit beruht zumeist auf einer körperlichen und seelischen Unruhe und Rastlosigkeit, der mit den üblichen Mitteln nicht beizukommen ist. Davon profitiert eine riesige »Schlafmittel-Industrie«.
Und vorneweg gesagt – es gibt kein einziges chemisches Schlafmittel auf dem Markt, das nicht bei regelmäßiger unkontrollierter Einnahme süchtig macht!
Ein wichtiger Faktor – vielleicht der wichtigste –, der zur Schlaflosigkeit führt, ist die Angst, zuwenig Schlaf zu bekommen. Sie erzeugt den »Einschlafens-Streß«, der den Organismus in einen primär angeregten Zustand versetzt und der einen erst recht am Schlafen hindert.
»Hoffentlich kann ich heute einschlafen.«
(Fruchtlose Klage eines Schlafgestörten)

Jede Schlaflosigkeit hat ihre Ursachen

Im Normalfall kann der Körper von sich aus und ohne chemische Einwirkung an Schlafmangel nicht zugrunde gehen, da er vorher alle notwendigen Mechanismen in Gang setzt, um den Schlaf herbeizuführen. Er kann aber bekanntlich, mit Hilfe chemischer Mittel, an zuviel Schlaf zugrunde gehen.

Durchschlafstörungen

Wenden wir uns zunächst einmal den körperlichen Ursachen der Schlaflosigkeit zu. Sie sind zumeist für die Durchschlafstörungen verantwortlich.

Die häufigste Aufwachzeit liegt zwischen ein und drei Uhr morgens. Und die Ursachen dafür sind leicht erklärt:

Römheld-Syndrom

Ursache Nr. 1: Das »Römheld-Syndrom«
Nach einem besonders ausgiebigen Abendessen kommt es unter der Einwirkung der Bettwärme besonders leicht zu Gärungs- und Fäulnisprozessen im Darm. Die damit verbundene Gasbildung im Magen und Dickdarm, die sich vor allem im linken Oberbauch auswirkt, erzeugt einen Druck auf die linke Zwerchfellhälfte. Das Zwerchfell steigt hoch und drückt seinerseits wieder auf das Herz (»Zwerchfellhochstand«). Dieses wird zur Seite gedrückt und dadurch aus seiner natürlichen Lage gebracht.

Resultat: Rhythmusstörungen, Pulsrasen (Tachycardie). Dazu kommt noch ein Luftmangel durch die ebenfalls komprimierte Lunge.

Der Betroffene wacht schweißgebadet auf, der Puls rast, er glaubt zu ersticken. Das alles versetzt ihn in Todesangst. Er springt auf, eilt zum Fenster und reißt es auf, um mehr Luft zu bekommen. In diesem Augenblick beginnen sich die Symptome auch schon wieder zu beruhigen, weil durch die forcierte Tiefatmung das blockierte Zwerchfell wieder in Bewegung gebracht wird,

Durchschlafstörungen

das Herz wieder in seine angestammte Lage gelangt und bereits wieder im normalen Rhythmus schlägt. Außerdem hat die Lunge wieder ausreichend Platz und die nötige Kapazität für den Luftaustausch. Die Todesangst schwindet und nach kurzer Zeit stellt sich wohliger Schlaf ein. Das später durchgeführte EKG zeigt normale Werte. Wieder einmal ein Beispiel von kleiner Ursache und großer Wirkung, wie es ja im Körper sehr oft festzustellen ist.

Resümee: Vermeiden Sie es, ein spätes reichhaltiges Abendessen zu sich zu nehmen. Und wenn, sollte vor dem Schlafengehen noch ein ausgedehnter Spaziergang erfolgen, um dem Verdauungsapparat seine Arbeit zu erleichtern.

Reichhaltige Abendessen vermeiden

Es ist wohl schwer nachzuvollziehen, wie viele Menschen schon aufgrund dieser unüberlegten Verhaltensweise frühzeitig aus dem Leben geschieden sind. Tatsache ist jedenfalls, daß in den frühen Morgenstunden die meisten Herzinfarkte passieren.

Ursache Nr. 2: Die nächtliche Übersäuerung
Durch ein ausgiebiges Abendessen, aber auch durch den Genuß bestimmter Speisen und Getränke kommt es im Laufe der Nacht zu einer Vermehrung verschiedener Stoffwechselsäuren im Blut und Lymphsystem. Durch diese Säuren wird auf biochemischem Wege das »Wachzentrum« im Gehirn angeregt, und man wacht auf. Im Unterschied zu der vorher geschilderten Situation erfolgt dieses Aufwachen nicht unter derart dramatischen Umständen; es wirkt nur länger nach. Man fühlt sich insgesamt unwohl, hat leichte Schweißausbrüche, einen aufgedunsenen Bauch usw. Dieses Wachsein hält dann in der Regel mehrere Stunden an; so lange, bis die »Säureflut« im Blut wieder abgeebbt ist. Man schläft also in den frühen Morgenstunden wieder ein, und kaum daß man eingeschlafen hat, ist es Zeit zum Aufstehen. Am nächsten Tag folgt dann meist das »Hypoglykämie-

Nächtliche Übersäuerung

Syndrom«: Mangels Appetites verzichtet man auf das Frühstück, worauf in den späteren Vormittagsstunden das Phänomen der Unterzuckerung eintritt, das heißt, daß der Blutzucker unter den Normalwert absinkt. Schwindel, Müdigkeit und ein unwiderstehliches Schlafbedürfnis sind die Folgen, die dann oft mit einer Überdosis Kaffee wieder mühsam ausgeglichen werden.

Auch hier gilt: Meiden Sie ein zu reichhaltiges Abendessen, das insbesondere die folgenden Speisen und Getränke enthält:

Ungeeignete Speisen vor dem Schlafen

◆ Kompaktes Eiweiß z. B. Käse, fettes Fleisch, fetter Fisch.

◆ Hochkonzentrierte Fette, gemischt mit Kohlenhydraten: z. B. Bratkartoffel, Pommes frites, Mehlspeisen.

◆ Blähende Speisen: z. B. Hülsenfrüchte, Kraut, Karfiol, Kohl, rohes Gemüse, rohes Obst.

◆ Getränke mit hohem Säuregehalt: z. B. Kaffee, Tee, hochprozentige Alkoholika usw.

Wenn Sie diese Speisen am Abend essen, dann ist der nächtliche Spaziergang obligatorisch.

Nächtliche Durchblutungsstörungen

Ursache Nr. 3: Nächtliche Durchblutungsstörungen

Von ihr sind häufig Menschen höheren Lebensalters betroffen. Da im Schlaf die Atmung abflacht und das Herz langsamer schlägt, bekommt das Hirn weniger Sauerstoff als untertags. Die Folge: Es kommt zu einem Anstieg der Kohlensäurespannung im Blut, was wiederum zu einer Anregung des Atemzentrums und zum verfrühten Aufwachen führt.

Daraus resultiert: Ältere Menschen sollten unbedingt vor dem Schlafengehen noch Bewegung machen, sei es etwas Gymnastik, Entspannungs- oder Tiefatmungsübungen, um den Blutkreislauf und damit die allgemeine Sauerstoffversorgung des Körpers in Schwung zu bringen. Die Ansicht, daß körperliche Bewegung vor dem Schlafengehen schlafhindernd sei, trifft hier nicht zu. Eher das Gegenteil ist der Fall.

Wer jedenfalls nächtens ohne erkennbaren Grund aufwacht, hat zumeist am Vorabend etwas falsch gemacht!

Einschlafstörungen

Herr, gib mir ein Mittel, meine schwarzen Gedanken zu vertreiben!
Gerade die dunkle Nacht ist die Zeit, in der sich unsere Ängste besonders heftig und ungestört ausleben und austoben können, wie immer man das auch formulieren mag. Wir sind ihnen im Schlaf und auch insbesondere in der Einschlafphase mehr oder minder wehrlos ausgeliefert. Ein Problem, das uns während des Tages nichtig erscheinen mag, wird in der Nacht zur unlösbaren Aufgabe. Die buchstäblichen »schwarzen Gedanken« überfallen uns und schlagen uns in ihren Bann. Allein aus diesem Grund zögern viele Menschen den Zeitpunkt des Schlafengehens so lange hinaus, bis sie annehmen, aus Müdigkeit gleich einschlafen zu können, um diesen quälenden Gedanken zu entgehen. Kinder brauchen oft gerade in dieser Einschlafphase besondere Zuwendung. Das Geschichtenerzählen, das Blödeln, die Polsterschlacht, danach die leicht geöffnete Tür, vertraute Geräusche und anderes mehr: Das sind alles Rituale, die dazu dienen, ihre Angstvorstellungen zu mindern. Es ist nachgerade verbrecherisch, einem Kind zu drohen, nur weil es nicht gleich einschlafen will. »Wenn du nicht gleich schläfst, dann kommt der schwarze Mann« oder ähnliches mehr: Das verstärkt die Angst noch um ein Vielfaches, und was vorher vielleicht nur eine Marotte war, wird zum echten Problem. Diese Zuwendungsrolle hat heute, für Eltern und Kinder gleichermaßen, in sehr fragwürdiger Weise das Fernsehen übernommen.

»Schwarze Gedanken«

In diesem Zusammenhang stellt sich immer wieder die Frage, ob und warum Kaffee als Einschlafmittel gelten kann. Es gibt bekanntlich Menschen, die vor dem Schla-

Kaffee als Einschlafhilfe?

fengehen einen starken Kaffee trinken, dann ins Bett fallen und wie die Murmeltiere schlafen. Für diese Phänomene gibt es eine einfache Erklärung: Koffein, die eigentliche Wirksubstanz des Kaffees, braucht eine gewisse Anlaufzeit, um seine stimulierende Wirkung voll zu entfalten. Diese richtet sich nach dem Füllungszustand des Magens. Je voller der Magen, desto später der Wirkungseintritt – und umgekehrt. In dieser ersten Phase, die in der Regel ½–1 ½ Stunden dauert, wirkt Kaffee sogar einschläfernd. Wenn es also gelingt, in dieser Zeit einzuschlafen, erlebt man die eigentliche Hauptwirkung des Kaffees gar nicht mehr mit. Wenn man diese Phase im Wachzustand aber »übergeht«, wird sich die übliche Aufweckwirkung des Kaffees einstellen und einen am Einschlafen hindern. Ein Effekt, der ja häufig gewünscht wird.

Tricks zum Einschlafen
Es hat jeder Mensch so seine eigenen, privaten Einschlaftricks parat, die er recht gern auch immer wieder anderen aufdrängt; nach dem Motto »Was mir hilft, muß jedem anderen auch helfen.« Dem ist leider nicht so. Die Gretchenfrage ist: Wie gehe ich mit meinen schwarzen, angsterzeugenden Gedanken um! Und da gilt für jeden Menschen eine andere Lösung, die er sich zumeist selbst erarbeiten muß. Wir sind sehr selten mit unseren Gedanken allein, beim Einschlafen sind wir es fast immer.

Einschlafrituale Jeder entwickelt daher seine eigenen kleinen Rituale, um sich bereits vor dem Zubettgehen das Einschlafen zu erleichtern. Der eine braucht »sein« Gläschen Rotwein, der zweite »seinen« Krimi im Fernsehen, der dritte »seinen« Abendspaziergang, und allzuoft kommt es vor, daß jemand mit seiner »Gute-Nacht-Zigarette« in der Hand eingeschlafen ist ...

Halte Deine Gedanken am festen Zügel und achte darauf, daß sie Dir nicht durchgehen.
(Aphorismus)

Einschlafstörungen

In der Einschlafphase hat man die beste Möglichkeit, aktiv Gedankendisziplin zu erlernen und zu betreiben. Die meisten mentalen Einschlafhilfen beruhen auf dem Prinzip:

Das Zählen **Zählen**
Wer kennt nicht die früher gepflogene Sitte des Schäfchenzählens?! Man stellt sich vor, wie ein schneeweißes Schäfchen nach dem anderen fröhlich blökend über einen Zaun hüpft. Man zählt Schäfchen um Schäfchen – bis man eingeschlafen ist.
Es erfordert aber schon ein gehöriges Maß an Konzentrationskraft, um die Schäfchen nicht frühzeitig abstürzen zu lassen.
Heute bedient man sich natürlich moderner, psychologisch ausgefeilterer Methoden:
Man zählt schlichtweg von 1 bis 50 und wieder von 50 bis 1 und wiederholt das so lange, bis man nichts mehr davon wahrnimmt – nämlich eingeschlafen ist. Als Erschwernis dient es etwa, nur jede zweite oder dritte Zahl zu zählen. Die gleiche Methode kann man dann auch mit dem Alphabet anwenden. Man rezitiert, in Gedanken, das Alphabet von Anfang bis Ende und umgekehrt. Danach läßt man jeden zweiten und später jeden dritten Buchstaben weg. Der Phantasie sind also keine Grenzen gesetzt.
Der Grundgedanke bei diesen Methoden ist der, durch die Eintönigkeit der Gedanken besser in die Eintönigkeit des Schlafes zu finden. Und dieser Grundgedanke ist für den zu erreichenden Zweck durchaus brauchbar.

Das Abendgebet **Abendgebet**
Das seit Menschengedenken gepflogene Abendgebet hat wohl nicht nur den Sinn, die Seele auf den Schlaf vorzubereiten, sondern auch den hintergründigen Zweck, die schwarzen Gedanken zu bannen. Das monoton gesprochene Abendgebet ist ein ritueller Vorgang

mit großer angstlösender Kraft. Wenn man dieses Gebet zunächst einmal laut und nach Möglichkeit in Gemeinsamkeit spricht, so schafft das eine gegenseitige Verbundenheit, die über den gesamten Vorgang des Einschlafens hinaus anhält. Es entsteht auch ein Aspekt der Geborgenheit und des Vertrauens in eine höhere Macht, die uns Schutz gibt und über uns wacht. Deshalb sind in vielen Abendgebeten unsere »Schutzengel« vertreten.
Machen Sie aber auch einmal den Versuch, das gleiche Gebet hinterher allein, in Ihrem Bett, lautlos in sich »hineinzusprechen«. Immer wieder ... immer wieder ... Bleiben Sie ausschließlich bei diesem Text und versuchen Sie, die Kraft jedes Wortes in dich aufzunehmen. Gebete sind lautmagisch geformte Sprüche, die mehr mit der Seele als mit dem Verstand »gesprochen« werden müssen. Es geht nicht so sehr um den Sinn dieser Worte, sondern um deren Abfolge und magische Kraft (mehr darüber im letzten Teil des Buches). Denken Sie also an nichts als an die Worte des Gebetes, bis Sie eingeschlafen sind.

Selbstformuliertes Gebet

Das selbstformulierte Gebet
Erfinden Sie Ihre eigenen Gebete oder kurzen Sinnsprüche, die Ihre jeweilige Situation relativieren. Binden Sie in diese Sprüche Ihre Sorgen und Ängste mit ein, indem Sie sie in Abrede stellen.
Beispiele: »Ich fürchte mich wohl vor meiner kommenden Prüfung, ich bin mir aber sicher und gewiß, sie zu schaffen ... sicher und gewiß, sie zu schaffen ... sicher und gewiß, sie zu schaffen ...« Jeder Angstgedanke muß mindestens dreimal durch einen Gegengedanken suggestiv entkräftet werden. Oder: »Diese Operation muß wohl sein, aber ich werde gesund durch sie ... aber ich werde gesund durch sie ... aber ich werde gesund durch sie ...«
Versuchen Sie, diesem »Ihrem« Gebet gefühlsmäßig eine gewisse Sprachmelodie zu verleihen.

Beispiele: »Meine Verdachtsdiagnose lautet zwar Krebs, aber es wird schon keiner sein ...« – Besser: »Krebs kann sein, wird nicht sein ... wird nicht sein ... wird nicht sein ... wird nicht sein ...«

Versuchen Sie auch, Ihre persönlichen Gebetssprüche immer wieder lautlos in sich hineinzusprechen – bis Sie eingeschlafen sind. Verfassen Sie solche Gebetssprüche auch für Ihre Kinder; am besten gemeinsam mit ihnen. Nach einiger Zeit werden Sie diese mit Begeisterung mit jeden Abend ein eigenes Gebet für sich kreieren, z. B.
Der schwarze Mann, der kann nicht kommen. Gibt ihn nicht ... gibt ihn nicht ... gibt ihn nicht ...
Oder: Ich fürcht mich nicht vorm bösen Wolf. Gibt ihn nicht ... gibt ihn nicht ... gibt ihn nicht.

Wenn Sie dem ganzen dann noch eine Melodie verleihen und mit Ihren Kindern vor dem Schlafengehen solche fröhliche Lieder singen, dann hat die Angst keine Chance mehr.

Es kann sich aber natürlich auch um rein positive Gedankeninhalte handeln, die auf diese Weise in gebethafte Liedform gebracht werden, z. B. Ich freu mich so auf Weihnachten, Weihnachten, Weihnachten. Ich freu mich so auf Weihnachten, Weih-nach-ten!
Ich bin bald in den Ferien, Ferien, Ferien. Ich bin bald in den Ferien, Fe-ri-en!

Es geht in erster Linie darum, ängstliche Kinder vor dem Schlafengehen von dem, was auf sie zukommt – nämlich die Angst – abzulenken.

Auf die Müdigkeit warten

Abschließend noch ein wichtiger Gedanke: Wenn man Einschlafschwierigkeiten hat, soll man so lange mit dem Schlafengehen warten, bis man den Eindruck hat, wirklich einschlafen zu können. Man soll nicht, aus überkommenen Gewohnheiten heraus, stur zur gleichen Zeit zu Bett gehen und erwarten, daß man gleich einschlafen kann. Bevor man sich unruhig im Bett wälzt, sollte man lieber wieder aufstehen und einige Zeit zuwarten, bis sich jene unwiderstehliche Müdigkeit einstellt, die den ersehnten Schlaf bringt.

Der Naturzeitschlaf als Heilmittel für die Seele
Einer alten Überlieferung zufolge soll der »Schlaf vor Mitternacht« der erquickendste sein. Daß dem tatsächlich so ist, kann man am eigenen Leib überprüfen:

»**Technik**« **des Naturzeitschlafens**

Man begibt sich etwa um 18 Uhr zu Bett und versucht – unter Zuhilfenahme der vorher beschriebenen Einschlafstützen – möglichst bald einzuschlafen. Der Schlafraum muß völlig abgedunkelt und völlig ruhig sein. Wenn es gelingt, innerhalb der nächsten Stunde wirklich einzuschlafen, wird man mit absoluter Sicherheit etwa um Mitternacht aufwachen und den Rest der Nacht in vollkommener geistiger Frische und Munterkeit zubringen. Am frühen Morgen stellt sich eine kurze Müdigkeitsphase ein, die man dösend oder schlafend überbrückt. Dann ist man den ganzen Tag über »ausgeschlafen«, so, wie man es sich wünscht.

Das klingt zwar wie eine Schnurre von Münchhausen, ist aber pure Tatsache.

Die beiden Schwierigkeiten, die sich jedoch auftun, sind:

Einerseits kann man nicht von vornherein auf Befehl zwischen 6 und 7 Uhr abends einschlafen. Man muß einige Tage Geduld aufbringen, dann gelingt es von selbst; ja es stellt sich später dann gegen 6 Uhr ein zwingendes Schlafbedürfnis ein, dem man unbedingt nachgehen sollte. Wenn man das einmal übergeht, wird die restliche Nacht zur Qual.

Andererseits ist es mit unseren gesellschaftlichen Gepflogenheiten üblicherweise unvereinbar, die Zeit vor Mitternacht schlafend zu verbringen. Man muß sich also auf eine gewisse gesellschaftliche Außenseiterrolle einstellen.

»**Schlafkur**«

Der Naturzeitschlaf ist also für den Alltag denkbar ungeeignet. Sehr wohl zu empfehlen ist es, ihn einmal bewußt

– über mehrere Wochen – als »Schlafkur« und »Nervenbalsam« einzusetzen. Aus eigener Erfahrung weiß ich, daß es für Studenten eine ideale geistige Vorbereitung für besonders schwere Prüfungen darstellt. Zudem ist der Zeitgewinn enorm.
Die Probe aufs Exempel lohnt sich!

Abendgebet

Glück der Ruhe, Glück der Stille, Glück der Nacht!
Von Tagesmühen, Tageslärmen, Tagesdrängen müd gemacht,
sehnt Seele sich und Leib,
nun auszuruhen, auszuklingen, auszuschwingen.

Seele, kehr' bei Dir selber ein.
Lerne den Leib nun vergessen.
Laß ihn auf seinem Lager ruhn.
Du aber, Seele, bete unterdessen.
(BO YIN RA, Das Gebet)

Kindheitsängste sind Zukunftsängste

Erbsünde

Jedes Kind trägt eine Ur-Angst in sich. Man könnte sie auch als »die Erbsünde« bezeichnen. Es gibt sie tatsächlich – die Erbsünde. Die Sünde dürfte darin bestehen, daß wir uns von unserer »Urheimat im Geiste« entfernt und in die verdichtete Materie, die ganz und gar nichts Geistiges enthält, begeben haben.
Es schläft lediglich so etwas wie ein »Geistesfunke« in uns seinen ewigen Schlaf. Nur wenn es uns gelingt, unser mitgebrachtes Karma, unsere Ur-Schuld hier auf Erden zu tilgen, erwacht der Funke zum Leben und wird zum blendendhellen Feuer, das uns von innen her erhellt.
Dann dürfen wir uns zu den »Erleuchteten« zählen, wie sie die Menschheitsgeschichte in spärlicher Anzahl kennt.

Ängste im Mutterleib

Es besteht kein Zweifel, daß der Mensch im Embryonalstadium bereits Ängste empfinden kann. Die Ängste der Mutter lösen im Körper chemische Prozesse aus, im Verlauf derer Angststoffe freigesetzt werden (Adrenalin, NOR-Adrenalin, Serotonin usw.), die sich schon im frühesten Stadium in den Blutkreislauf des Embryos mischen und in ihm ebenfalls Angstempfindungen wachrufen.
Das berüchtigte Schwangerschaftserbrechen und so manche Frühgeburten könnten psychische Ausdrucksformen für eine unbewußte innere Abwehr gegen das unbekannte Wesen, das da im Bauch heranwächst, darstellen.

Ängstliche Mütter bekommen ängstliche Kinder

Eines steht ebenfalls mit Sicherheit fest: Ängstliche Mütter bringen von Natur aus ängstliche Kinder zur Welt. Diesen Kindern wird schon im Mutterleib beigebracht, was Angst ist ...

In den ersten drei Monaten vollzieht sich bereits die komplette Organentwicklung des Menschen. Danach kommt es – bis zum 21. Lebensjahr – zur Reifung und Wachstum des Körpers. Anschließend setzt bereits wieder so etwas wie eine Degeneration der Körperzellen ein. Jede Zelle des Körpers hat die Fähigkeit, sich durchschnittlich 50mal zu teilen. Die körperliche Kunst, ein hohes Alter zu erreichen, besteht also darin, die Zellteilungsgeschwindigkeit möglichst nieder zu halten. Jede Form der Angst oder Streß, oder Angst-Streß schlechthin, beschleunigt die Funktion von Kreislauf und Stoffwechsel und damit auch die Zellteilungsgeschwindigkeit. Darin liegt wohl der Hauptgrund für die lebensverkürzende Wirkung von Angst und Streß.

Wenn also ein Kind bereits mit einem gewissen Angstpotential zur Welt kommt, ist seine Lebenserwartung von vornherein verringert. Erleidet die Mutter in den ersten Schwangerschaftsmonaten einen oder mehrere Panikanfälle, so wird auch der kindliche Organismus von dem »Panikstoff« Adrenalin überschwemmt: Es erleidet den Anfall mit, ohne ihn entsprechend abreagieren zu können – mit unabsehbaren Folgen.

Ängste des Säuglings

Auf Gedeih und Verderb ausgeliefert

Etwa bis zum 12. Lebensmonat ist bei einem Kind die Säuglingsperiode anzusetzen. In dieser Zeit ist es auf Gedeih und Verderb seiner Mutter und seiner Umwelt ausgeliefert. Es kann sich kaum vom Platz wegbewegen, und es kann sich nur schwer verständlich machen. Weinen, Schreien, Lächeln, Lachen – viel mehr Möglichkeiten gibt es nicht. Daraus resultieren in der Hauptsache die Ängste des Säuglings. Es scheint auch, daß in der Phase, in der das Kind gestillt wird, und unmittelbar danach, die seelische Aufnahmefähigkeit für negative Emotionen beim Kind besonders deutlich ausgeprägt ist. Diese Zeit ist auch bedeutsam für die Entwicklung und Reifung des Immunsystems; Streß und Angst hemmen unmittelbar die Funktionen des Immunsystems. Die in der Muttermilch enthaltenen »Schutzstoffe« übernehmen wohl einen Teil der Abwehr von Krankheitserregern, danach ist der kindliche Organismus aber in dieser Hinsicht auf sich allein gestellt.

Ängste des Kleinkindes

Das Kleinkindalter kann man, von der Entwicklung und dem Verhalten des jungen Erdenbürgers her gesehen, bis zum 7. Lebensjahr ansetzen. In dieser Zeit herrschen wiederum spezifische Ängste vor.

Angst vor...

... dem Alleingelassen werden
◆ Angst vor dem Alleingelassenwerden:
In den ersten Lebensjahren ist dies die dominierende Angstform. Es kann daher für das spätere Leben prägend sein, wenn solche Situationen bewußt oder aus Nachlässigkeit heraufbeschworen werden; wenn das Kind also etwa allein in ein dunkles Zimmer eingesperrt wird, nur weil es »nicht brav« gewesen ist u. dgl. Die Seele des Kindes ist wie ein unbelichteter Film, und jedes Bild – sei es nun positiven oder negativen Inhaltes – kann ein Leben lang nicht mehr gelöscht werden.

... unerfüllten Erwartungen
◆ Angst, bestimmte Erwartungen nicht zu erfüllen:
Diese Erwartungen zeigen sich in Aufforderungen wie »artig sein«, »immer brav aufessen«, »schön brav bitte und danke sagen«, immer höflich grüßen«, »vor dem Essen Hände waschen«, »nach dem Essen Zähne putzen« usw.
Es sind überwiegend nützliche und sinnreiche Dinge,

die da verlangt werden. Es muß aber dem Kind unbedingt die Notwendigkeit von derlei Verrichtungen begreiflich gemacht werden, sonst kriegt es Angst davor.

- Angst vor »Angstmachern«:   ... »Angstmachern«
Viele – leider zu viele – Eltern und Erzieher greifen zu fragwürdigen verbalen Angstmachern, um ein Kind zum Gehorsam zu erziehen oder – was noch viel schlimmer ist – es zu bestrafen. Typische Angstmacher für ein Kind sind: der schwarze Mann, der böse Wolf, die Hexe auf ihrem Besen, der feuerspeiende Drache. Dazu kommen noch diffizile Phantasiefiguren jeglicher Art und letztlich – und das sind die gefährlichsten Angstfaktoren – reale Personen und Gegebenheiten: »Warte, bis dein Vater nach Hause kommt!«, »Du gehst heute ohne Essen ins Bett.« usw. Es sind aber auch Gegebenheiten denkbar, die neben der Angst auch eine gewisse Faszination vermitteln. Dabei handelt es sich z. B. um die spannenden Grusel- und Gespenstergeschichten, um das als durchaus wohlig empfundene Erschrecken oder um das Betrachten eines nächtlichen Gewitters aus sicherer Entfernung; um Mutproben, die das Selbstvertrauen stärken – also etwa allein in den dunklen Keller gehen, bei Dunkelheit sich einem Friedhof nähern, einen großen Hund streicheln usw.

- Angst vor dem Verlust von Werten und Besitztümern: ... Besitzverlust
In dieser Lebensphase halten Kinder besonders intensiv fest, was sie als ihren persönlichen Besitz betrachten. Sie sind kaum bereit, etwas davon herzuborgen, geschweige denn zu verschenken, auch wenn es sich um Gegenstände handelt, die schon längst nicht mehr gebraucht werden. Es sind dies bestimmte Maskottchen, Stofftiere, Puppen, Spielzeug, Sportgeräte, Kleidung und auch bereits Geld.

- Angst vor Schuldgefühlen: ... Schuldgefühlen
Dieser Bereich hat in den ersten Lebensjahren bereits

Kindheitsängste sind Zukunftsängste

elementare Bedeutung für die Charakterentwicklung und die Willensbildung des Kleinkindes. Und in diesen Bereichen werden oft von den Eltern und Erziehern die schwersten Fehler begangen:
»Du bist undankbar!«
»Durch dich hat sich mein Leben vollkommen verändert.«
»Was habe ich denn alles für dich geopfert?!«
»Wie viele andere Kinder wären froh, wenn sie alles das hätten, was du hast?!«
»Wegen dir kann ich meinen geliebten Beruf nicht mehr ausüben!«
»Wegen dir hat sich dein Vater von mir zurückgezogen.«
»Was du uns Geld kostest! Wegen dir können wir uns dies und das nicht mehr leisten ...«
Derartige oft unbedacht getätigte Äußerungen bohren sich wie ein Messer in das Herz des Kindes. Es lernt frühzeitig, sich schuldig zu fühlen für Vergehen, die es nicht begangen hat. Und es entwickelt später nachgerade eine »Sucht nach Schuld«, die es ebenfalls ein Leben lang mit sich herumschleppt.

... Genüssen ◆ **Angst vor Genüssen und freudigen Ereignissen:**
Immer dann, wenn seitens der Erwachsenen die Erfreulichkeiten des Lebens deklariert werden – was übrigens ein beliebtes Erziehungsmittel darstellt – als Belohnung für eine Leistung oder als ausnahmsweises Zugeständnis von etwas Besonderem, werden die Begehrlichkeiten beim Kind solchen Genüssen gegenüber geweckt, und es wird das Gegenteil davon erreicht, was erstrebt wurde: Verbotene Dinge sind noch begehrenswerter als erlaubte und alltägliche.

... Ärzten ◆ **Angst vor Ärzten und medizinischen Behandlungen:**
Auch diese Ängste werden zumeist bereits in dieser Lebensphase geprägt. Die Begegnungen mit Medizinern jeglicher Art ist fast immer mit Schmerzen, Verboten und Zwangsbehandlungen verbunden, wobei

die erforderliche Aufklärung sich allzuoft lediglich auf unwirsche und unwahre Äußerungen beschränken: »Stell dich nicht so an!«, »Es tut gar nicht weh!«, »Wir wollen dir ja nur helfen.« Damit wird die Angst vor dem weißen Mantel zu einem instinktiven Abwehrverhalten – ein ganzes Leben lang ...

Ängste des Kindes

»Die Rechte, die nach kosmischen Gesetzen Deinem Kinde gegenüber Dir gegeben sind, sind eng begrenzt. Du hast allein die Rechte eines Hausherren, dem ein hoher Gast die Ehre schenkt, sich seinem Schutze zu vertrauen, wobei der Gast in einer Lage ist, die es verhindert, daß er selbst sich schützen könnte.
Alle ›Erziehung‹ Deines Kindes muß aus dieser Einsicht sich ergeben, sonst handelst Du in gutem Glauben schlecht, wo Du das Beste zu erwirken hofftest!«
(BO YIN RA, Das Buch vom Menschen)

Ab dem 7. Lebensjahr, also mit dem Eintritt in die Schule, beginnt für den jungen Menschen der harte Lebenskampf. Und dies bringt für die allezeit lauernden Ängste neue reichhaltige Gelegenheiten, sich zu verwirklichen.

Angst vor ...

◆ Angst vor dem Lebenskampf:
Das Kind muß nunmehr lernen, sich seinen Mitmenschen und Autoritäten gegenüber durchzusetzen. Das gelingt umso besser, je freier es von Angst ist. Gerade in dieser Lebensperiode kann ein Mensch zum »Duckmäuser« oder zum selbstbewußten Meister über sein Schicksal geprägt werden.

... dem Lebenskampf

◆ Angst vor dem Versagen:
Das Kind wird zum ersten Mal mit dem »Leistungsprinzip« konfrontiert, in Schule, Sport und späterer Berufswahl. Dieses Leistungsdenken kann durch kluges Verhalten der Erwachsenen zu einem kon-

... dem Versagen

struktiven Instrument der Willensbildung und der Festigung des Selbstvertrauens entwickelt werden; oder umgekehrt kann es zu einem Schreckgespenst für das Kind werden, das es durch sein restliches Leben begleitet.

Wir kennen alle die markigen Sprüche von überehrgeizigen Eltern: »Du sollst einmal das im Leben erreichen, was ich nicht erreichen konnte!«, »Du sollst es einmal besser haben, als wir es gehabt haben!«, Mein Sohn fällt nicht durch ...«

... Lügen ◆ Angst vor Heimlichkeiten, Geheimnissen und Lügen:
In dieser Lebensphase werden die ersten »Notlügen« geboren. Es werden alle Kräfte der Phantasie eingesetzt, um seine Ziele zu erreichen. Die Unterschiede zwischen Wahrheit und Lüge lernt das Kind dadurch kennen, daß es entweder belobigt oder bestraft wird. Mit allen psychologischen Mitteln wird es dazu gebracht, »immer bei der Wahrheit zu bleiben«. Daß Wahrheit und Lüge oft auf der gleichen Ebene liegen, wird dabei vergessen.

»Lüg mich ja nicht an, sonst glaube ich dir nie mehr etwas!«

Mit solchen Aussagen wird gleichermaßen der Keim gelegt für die Angst vor der Wahrheit wie vor der Lüge.

... Strafe ◆ Angst vor Strafe:
Die beliebtesten Methoden, ein Kind zu bestrafen sind: Liebesentzug, Entzug der Zuwendung, Einschränkungen der persönlichen Freiheit (Einsperren, Ausgehverbot), körperliche Züchtigungen (die berüchtigte »g'sunde Watschn«, die Prügelstrafe), die Forderung nach Wiedergutmachung eines angerichteten Schadens usw. Welche pädagogischen Werte derartige Maßnahmen in sich tragen, bleibt der persönlichen Bewertung des einzelnen anheimgestellt. Fragen Sie sich zunächst aber eines: Wie oft bestrafen Sie Ihr Kind nur aus Gründen der eigenen Hilflosigkeit

oder der eigenen Unfähigkeit, mit einer Lebensforderung zurechtzukommen?
- ◆ Angst vor der eigenen Sexualität: ... der
Die Beschäftigung mit dieser Ur-Kraft im Menschen, eigenen
die mit dem ersten Atemzug, den ein Mensch tut, Sexualität
beginnt, birgt eine unübersehbare Quelle von Gewissensängsten in sich. Sexuelle Empfindungen werden üblicherweise dem Kind als Makel und unrechtmäßiges Verhalten angelastet. Dadurch wird die diesbezügliche Neugier geweckt und gefördert. Die erforderlichen Informationen dafür müssen aber auf alle möglichen Arten heimlich herbeigeschafft werden.
Die Entwicklung einer unbefangenen Einstellung zu diesem Thema wird im Kind durch die folgenden Faktoren schwer behindert:
Sexualität ist etwas Anrüchiges und Schmutziges;
Nacktheit verletzt die Schamgefühle;
sexuelle Betätigung (»Doktorspiele«, Onanie u. dgl.) führt zu Verderbtheit und womöglich zur ewigen Verdammnis.
In diesem überaus sensiblen Bereich der menschlichen Entwicklung spielt die Kirche immer noch eine erstaunlicherweise besonders unrühmliche Rolle; insbesondere, was die Erzeugung von Schuldgefühlen angeht. Wie viele Menschen ihre schwer gestörte Einstellung zur Sexualität als Erwachsene dann ihren eigenen Kindern weitergeben, ist leider unabsehbar.
- ◆ Angst vor religiöser Betätigung = Angst vor Sünde: ... Sünde
Der imposante Einfallsreichtum, den manche pädagogische Vertreter von religiösen Gruppierungen an den Tag legen – vor allem was die Erfindung von Gewissensängsten betrifft –, sei hier nur kurz erwähnt. Von frühester Kindheit an werden schuldbeladene Begriffe verschiedenster Art herangezogen, um eine moralische Bindung an die jeweilige religiöse Vereinigung zu erreichen. Alles und jedes, was passiert, vermehrt die Ur-Schuld, die jeder Mensch auf

sich geladen hat. – Und nur die Kirche ist berechtigt, die erforderliche »Absolution« zu erteilen. »Erbsünde«, »ewige Verdammnis«, »Fegefeuer und Hölle«, »die Mächte des Bösen«, »Satan, der Fürst der Finsternis«, »Gottesstrafe«, »das Jüngste Gericht« ... Diese Begriffe werden gezielt als verbale Waffen den Kindern und Gläubigen gegenüber eingesetzt, um gewissensmäßige Bindung an die religiöse Gemeinschaft zu erhalten und zu kultivieren. Je früher, desto nachhaltiger wirksam!

... eigenem Selbstwertgefühl

◆ Angst vor dem eigenen Selbstwertgefühl:
Für manche Erwachsene – weit mehr, als man es für möglich halten würde – stellt ein offenes, freies, selbstbewußtes Kind nachgerade eine Unerträglichkeit dar! Und sie tun alles Mögliche und Unmögliche, dieses ärgerliche Selbstvertrauen, kraft ihrer selbstverliehenen Autorität, in dem Kind zu sabotieren und zu unterhöhlen. So manche treffende Äußerung des Kindes wird dann als »Frechheit« oder »Respektlosigkeit« klassifiziert und entsprechend geahndet. Und es wird keine Gelegenheit ausgelassen, das Kind verbal zu deprimieren, bis aus ihm der gewünschte »Traumichnicht« und »Duckmäuser« geworden ist.

»Aus dir wird nie etwas!«
»Du bist und bleibst ein Versager!«
»Das begreifst du nie!«
»Dieses Spiel ist ja doch noch zu hoch für dich!«
»Sei nicht so ungeschickt. Andere können das auch!«
»In deinem Alter war ich schon wesentlich vernünftiger!«
»Wenn Erwachsene reden, hast du Pause!«
»Merk dir eines: Erwachsene haben immer recht, Kinder haben nie recht!«

Kennen Sie solche Schlag-Worte? Wenden auch Sie sie gelegentlich an? Natürlich nur aus erzieherischen Gründen und unter dem Motto: »Ich meine es ja nur gut mit dir ...«?

Ängste des Kindes

- Angst vor der Zukunft: ... der
Wiederum negativ ausgedrückt: Dem Kind wird **Zukunft**
meist viel zu früh – weit früher, als es imstande ist, die
Tragweite zu erfassen – die Angst vor einer ungewissen Zukunft eingeimpft!
Diese Angst vor der Zukunft birgt dann Folgeängste
in sich, wie die Angst vor selbständigem Handeln;
die Angst vor lebenswichtigen Entscheidungen;
die Angst vor der Berufswahl;
die Angst vor der allgemeinen Zukunftsplanung usw.
- Zuletzt noch: Die Angst vor der Angst: ... der Angst
Sie stellt sich zu Anfang für das Kind als die Angst bzw.
die Sorge der Eltern dar, die, als »Vorsicht« gehandhabt, durchaus ihre Berechtigung haben kann. Man
kann und soll ein Kind zur Vorsicht mahnen, man darf
es aber nicht zur Angst erziehen!
»Paß auf, wenn du über die Straße gehst!«
»Bist du genügend warm angezogen!«
»Kletter da nicht hinauf!« ...
Etwas anderes ist:
»Steig nicht in diese Lacke. Du kriegst sonst wieder
nasse Füße!«
»Mach dich nicht schmutzig!«
»Steck die schmutzigen Finger nicht in den Mund!«
»Iß nicht mit fremdem Eßbesteck!«
»Paß auf, daß du nicht naß wirst, sonst erkältest du
dich wieder!«
»Geh nicht in die Sonne, sonst holst du dir einen
Sonnenstich!«
»Trink nicht kalt, wenn du erhitzt bist!«
»Schwimm nicht zu weit hinaus!«
»Trink nicht zum Essen!«
»Von dem vielen Fernsehen ruinierst du dir noch die
Augen!«
Diese Liste ließe sich natürlich noch erheblich verlängern.
Abschließend noch ein paar »Gewissensfragen«:

Kindheitsängste sind Zukunftsängste

Gewissensfragen

Was erwarten Sie von Ihrem Kind, das Sie selbst nicht erfüllen können oder wollen?
Wie oft versuchen Sie, Ihrem Kind durch »positive Verstärkung« zu helfen?
Wie oft loben Sie Ihr Kind?
Wie oft tadeln Sie Ihr Kind?
Wie oft untergraben Sie – bewußt oder unbewußt – das Selbstwertgefühl Ihres Kindes nach dem oben gezeigten Schema?

Verhaltensspiele – Balsam für die Seele des Kindes!

Das »Böse« abbauen

Kerngedanke der folgenden Verhaltensspiele ist es, durch bewußtes gemeinsames Vollführen von »verbotenen« Dingen, dem sogenannten »Bösen« die Faszination zu nehmen!
Dazu einige Beispiele: Bewußt laut schmatzen, laut rülpsen, den Mund vollstopfen, laut brüllen, laut aufstampfen, die Musik überlaut stellen, einen Gegenstand wüst beschimpfen, im Dreck wühlen, bewußt weinen, sich selbst und anderen die Zunge zeigen, das Kind mit dem Erwachsenen schimpfen lassen. Kurz alles tun dürfen, was als verboten oder »schlimm« gilt.
Was ist der Endzweck jeder Erziehung?«

> »Erziehe Dich selbst, und Du wirst durch Dein Beispiel ein Erzieher der Menschheit sein, ohne Dir Rechte angemaßt zu haben, die man Dir nicht übertragen hat! Schaffe Dir selbst Dein Glück, und Du wirst glückliche Menschen um Dich schaffen, wirst dem ›Glück der Menschheit‹ eine Gasse bahnen!«
> (BO YIN RA, Das Buch vom Glück)

Die schreckliche Angst vor Krebs

An Krebs stirbt man nicht!

Man stirbt nicht an Krebs! Man stirbt an den Begleiterscheinungen, an den Folgen, an den Behandlungen und – an der Angst vor Krebs!
KREBS – dieser häßliche, furchteinflößende Begriff bezeichnet eine Vielzahl von Körpervorgängen, von denen die Mehrzahl bis heute noch nicht wissenschaftlich erforscht und hinsichtlich ihrer Ursachen noch nicht mit der notwendigen Genauigkeit definiert sind.
Krebs bedeutet eine »Ent-artung« und eine ausufernde Neubildung von Körperzellen. Das ist jedoch nur ein Aspekt dieses Leidens.
Man muß strikt trennen zwischen einem lokalen »Krebsherd« und einer »Krebskrankheit«, die den ganzen Körper betrifft. Ein Krebsherd kann über Jahrzehnte, ja ein Leben lang, im Körper unverändert bestehen bleiben, ohne daß der Betroffene erkrankt. Umgekehrt sterben Menschen an einer Krebskrankheit, ohne daß je ein Krebsherd gefunden wird.
Wir wollen aber hier wiederum nur die psychisch-seelischen Aspekte dieses teuflischen Leidens beleuchten.
Was fühlt ein Mensch, wenn er mit der vernichtenden »Diagnose: Krebs« konfrontiert wird? **Diagnose Krebs**
Er schließt im ersten Moment mit seinem Leben ab. Für die Mehrzahl der Menschen bedeutet diese Diagnose ein Todesurteil.
In zweiter Linie erwacht die Angst in diesem Menschen vor dem, was noch vor dem Sterben auf ihn wartet. Schmerzen, Operationen, Bestrahlungen, Chemotherapie ... Jedenfalls Vorgänge, die bis an die Grenze der körperlichen und mentalen Widerstandskräfte reichen.

Damit drängt sich sofort die erste Kardinalfrage auf: Soll man die Diagnose Krebs überhaupt aussprechen? Wem gegenüber kann und soll man sie aussprechen?
Die gleiche Frage stellt sich auch in Hinblick auf andere Krankheiten, die als »unheilbar« gelten.
In diesem Zusammenhang wieder eine kühne Behauptung: Es gibt keine unheilbare Krankheit; es gibt nur unheilbare Menschen.
Was wiegt also schwerer: der Schock, der angesichts einer derartigen Diagnose entsteht, oder die Tatsache der Krankheit selbst? Auch hier wurden unzählige psychosomatische Studien veranstaltet, die in dieser Hinsicht weitgehend übereinstimmende Ergebnisse gebracht haben: Optimistisch eingestellte Menschen haben eine weit bessere Überlebenschance bei Krebs als die Pessimisten.
Von der Ätiologie (Hintergrundursachen von Krankheiten) her gesehen, gibt es drei Formen von Krebs:

»Kindheits- und Jugend-Krebs«
◆ Den »Kindheits- und Jugendkrebs«: Er stellt eine ererbte, sehr seltene Organschwäche dar, die sich in Form von Nierenkrebs, von Leukämie und Lymphdrüsenkrebs äußert. Hier spielen psychische Faktoren zumeist nur eine unwesentliche Rolle.

»Erwachsenenkrebs«
◆ Den »Erwachsenenkrebs«: Er wird verursacht durch extrem ungesunde Ernährungs- und Lebensweisen. Etwa der Lungenkrebs des Kettenrauchers, der Leberkrebs des Trinkers, manche Berufskrebse (z. B. Lungenkrebs bei Asbestarbeitern, Hodenkrebs bei Rauchfangkehrern usw.). Hier können seelische Einflüsse eine bedeutende Rolle spielen, was die Auflösung und Verstärkung der Krankheitssymptome betrifft.

»Alters-krebs«
◆ Der »Alterskrebs«. Er macht mit Abstand den größten Anteil aller Krebsformen aus und beruht in der Hauptsache auf einer Degeneration und »Ermüdung« bestimmter Körperzellen. Auch hier spielen seelische Faktoren wahrscheinlich nur eine untergeordnete

Rolle. Die allgemeine Zunahme dieser Krebsformen beruht linear auf der ständig steigenden Lebenserwartung der Menschen.

Gibt es eine »Krebspersönlichkeit?«

Nein! Es gibt sie nicht!
Seit die Ursachen der Krebskrankheit wissenschaftlich und damit auch vom Standpunkt der Psychosomatik her systematisch untersucht werden, taucht diese Frage immer wieder auf: Inwieweit sind bestimmte »mitgebrachte« – also vererbte – Charaktermerkmale als Mitursachen für das Entstehen dieses merkwürdigen Leidens Krebs verantwortlich?
Krebs ist – wie jede andere Krankheit – primär ein körperliches Phänomen, das aber durch seelische Faktoren, vornehmlich durch die Angst, ausgelöst und verstärkt werden kann!
Krebs ist eine körperliche Krankheit!
Das seelische Leiden entsteht erst durch den »Erkenntnis-Schock«. Die Erkenntnis »Ich habe Krebs!« löst einen seelischen Mechanismus aus, der in mehrere Schockerlebnisse ausufert.

◆ Der Diagnose-Schock: In seiner Überwindung liegt wohl die größte seelische Herausforderung, die einem Menschen in seinem Leben widerfahren kann. Mit diesem Schockerlebnis werden viele Menschen ein Leben lang nicht mehr fertig. Auch wenn sie wieder als geheilt gelten können, hat sich diese Erkenntnis wie eine Rune tief in ihr Bewußtsein gegraben: Aus dem Erkenntnis-Schock ist der Angst-Schock geworden. In der Bekämpfung dieser seelischen Lähmung liegt die Hauptaufgabe für den Krebskranken selbst und für seine medizinischen und menschlichen Helfer! Krebs kann heute immerhin in über der Hälfte der Fälle geheilt werden. Und es mag

Diagnose-Schock

Die schreckliche Angst vor Krebs

vielleicht nur ein geringer Trost sein, aber es sterben etwa doppelt so viele Menschen an Herz-Kreislauf-Versagen (Herzinfarkt, Schlaganfall, Thrombosen) als an Krebs!

»Ausbruchs-Schock«
◆ Der Schock beim Ausbruch der Krankheit: Die Krebskrankheit nimmt nur selten einen spektakulären Verlauf. Sie entwickelt sich meist langsam, schleichend und ohne nennenswerte Symptombildung. Bemerkt wird sie zumeist erst, wenn andere randständige Organe oder Gewebe in Mitleidenschaft gezogen werden.

Behandlungs-Schock
◆ Der Behandlungs-Schock: Operation – Bestrahlung – Chemotherapie. In dieser Abfolge und den damit verbundenen Schockerlebnissen für Körper, Seele und Geist liegt eine neuerliche Herausforderung für die gesamten Widerstandskräfte des Betroffenen.

Nebenwirkungs-Schock
◆ Der Nebenwirkungs-Schock: Auch die zahlreichen Nebenwirkungen der Krebsbehandlung sind als eine erhebliche Zusatzbelastung des Krebskranken zu sehen, von der er sich nur schwer erholen kann.

»Bist Du krank, dann er-glaube Dir Deine Gesundheit, und wenn Dein Körper noch zu retten ist, dann werden die Ärzte, denen Du Dich anvertraust, Dir dankbar für Deine Hilfe zur Genesung sein! Ist aber Deinem Körper nicht mehr aufzuhelfen, dann hast Du durch Deinen Glauben Dir einen Fond an Energien geschaffen, der Deinem geistigen Körper dienen wird, sobald Du diesen Körper der sichtbaren Erde, der Dich quälte, von Dir abgespalten haben wirst.«
(BO YIN RA, Das Buch vom Glück)

Die Angst vor ...
Dieser »Schockliste« folgt dann nahezu unausweichlich – eine »Angstliste« ...

... der Erblichkeit
◆ Die Angst vor der Erblichkeit dieser teuflischen Krankheit: Dazu ist mit aller Klarheit und Entschiedenheit anzumerken, daß Krebs – abgesehen von seltensten Ausnahmen – körperlich nicht vererbt wird! Auch die

Gibt es eine »Krebspersönlichkeit?«

immer wieder ins Treffen geführte »familiäre Krebs-Diathese«, also das gehäufte Auftreten von Krebs innerhalb mehrerer Generationen innerhalb einer Familie, ist wissenschaftlich absolut nicht haltbar!

◆ Die Angst vor der Meinung der Mitmenschen: **... der Umwelt**
Krebskranke werden auch heute noch von primitiven Gemütern als »Aussätzige« behandelt, von denen man sich fernhalten sollte. Es wird auch allen Ernstes mitunter angenommen, daß Krebs ansteckend sei. Das trifft schlechtestenfalls für ein Leiden zu, das nicht mit Krebs gleichzusetzen ist – für AIDS, das über Virusinfektionen übertragen werden kann und erst im Endstadium krebsartige Symptome zeigt.

◆ Die Angst vor der Schande: **... der Schande**
»Warum muß das gerade mir passieren?!« Diese Klage kann man von Krebskranken oft hören. Gerade diese Krankheit wird gern als Schande oder als Makel empfunden. Der Kranke glaubt, einen mitgebrachten Organschaden aufzuweisen, gegen den man nicht viel ausrichten kann. Diese Einstellung kann die Selbstheilungskräfte in ihrer Tätigkeit empfindlich stören!

◆ Die Angst vor der Hoffnungslosigkeit: **... der Hoffnungs-**
»Ich werde nie wieder gesund!«, »Ich bin dem Tode   **losigkeit**
geweiht!«

◆ Die Angst vor dem Karma: **... dem Karma**
»Es ist sowieso alles vorbestimmt!«, »Ich kann mein Schicksal sowieso nicht in andere Bahnen lenken!« Diese häufig anzutreffende Resignation ist wahrscheinlich – gemeinsam mit dem anfänglichen Diagnose-Schock – der Hauptfaktor, der an den besten seelischen Kräften des Betroffenen zehrt und damit seiner Genesung im Wege steht.

◆ Die Angst vor dem Rückfall: **... dem Rückfall**
Es gibt kaum einen Krebskranken, der nach seiner erfolgreichen Behandlung nicht in seinen geheimsten Gedanken die Vorstellung hegt, die Krankheit könnte

neuerlich aufflammen, in Form von Metastasen über seinen Körper herfallen und ihn restlos zerstören. Ja es gibt sogar Menschen, die – gemäß der magischen Wirkung der Angst – ein solches Geschehen richtiggehend herbeierwarten, um nicht zu sagen, herbeisehnen, »damit endlich Schluß ist!« Wie verderblich eine derartige Einstellung ist, braucht nicht extra betont zu werden.

... der Sinnleere
◆ Die Angst vor der Sinnleere des Daseins:
»Es hat ja ohnehin alles keinen Sinn mehr ...« Diese Einstellung macht sich eigenartigerweise bei einer größeren Anzahl von Menschen immer wieder breit und ist kaum auszumerzen.

»Wenn Du keinen Sinn in Deinem Dasein findest, dann gib Deinem Dasein einen Sinn!«
(BO YIN RA, Der Sinn des Daseins)

... dem Tod
◆ Die Angst vor dem Sterben und vor dem Tod:
Wie schon zu Anfang dieses Kapitels beschrieben, bedeutet für die Mehrzahl der Menschen die Diagnose Krebs ein Todesurteil (siehe dazu das folgende Kapitel).

Mentale und seelische Strategien gegen den Krebs

Krebs ist primär eine körperliche Krankheit, die zu einem seelischen Leiden werden kann!

»Selbsthilfe«
Die »Selbsthilfe« dagegen muß im ersten Augenblick, also gleichzeitig mit der Verdachtsdiagnose einsetzen.
Und wenn alle klinischen und zusätzlichen Behandlungsmöglichkeiten ausgeschöpft sind, muß die mentale und psychische »Abwehrmaschinerie« in Gang gesetzt werden.
Wichtig ist zu erkennen, daß ein permanenter Angstzustand die lebenserhaltenden Funktionen des Immunsystems empfindlich beeinträchtigen kann!

Mentale und seelische Strategien gegen den Krebs

Also noch einmal:
An Krebs stirbt man nicht! Man stirbt höchstens an der Angst vor Krebs!

Methode nach Simonton
Das Ehepaar O. Carl und Stephanie Matthews SIMONTON betreiben in den USA ein Krebsberatungs- und -forschungszentrum, in dem die psychische Betreuung Krebskranker Vorrang hat.
Sie haben ein Konzept zur »Visualisierung« der Krebsbehandlung entwickelt, das hier kurz dargestellt werden soll:

Visualisierung der Krebsbehandlung

1. Ziehe Dich in ein stilles Zimmer mit gedämpftem Licht zurück. Schließe die Tür. Mach es Dir auf einem Stuhl oder in einem Sessel bequem. Achte darauf, daß beide Fußsohlen ganz den Boden berühren. Schließe die Augen.

Vorbereitung

2. Rufe Dir ins Bewußtsein, daß Du atmest.
3. Atme ein paarmal tief ein, und jedesmal, wenn du ausatmest, sprich im stillen das Wort »Entspanne«.
4. Konzentriere Dich auf Dein Gesicht und spüre die Spannung im Gesicht und um die Augen. Stelle Dir diese Spannung bildlich vor – als Seil mit einem Knoten oder als geballte Faust –, und dann stelle Dir weiter bildlich vor, wie sie lockerer und lockerer wird, bis sie einem schlaffen Gummiband oder einem leeren Handschuh gleicht.

Entspannung

5. Fühle, wie sich Dein Gesicht und Deine Augen entspannen. Fühle, wie die Entspannung sich wie eine Welle über Deinen Körper ausbreitet.
6. Presse die Augenlieder fest aufeinander und spanne dabei Deine Gesichtsmuskeln. Nun entspanne sie wieder. Jetzt spüre, wie sich die Entspannung Deinem ganzen Körper mitteilt.
7. Nun gleite langsam Stück für Stück Deinen Körper entlang – Kiefer, Hals, Schultern, Rücken, Ober- und Unterarme, Hände, Brust, Bauch, Unterleib, Ober-

schenkel, Waden, Füße –, bis jeder Körperteil völlig entspannt ist. Stelle Dir jedesmal die Spannung bildlich vor. Und stelle Dir vor, wie sie sich langsam löst. Nun bist Du entspannt.

8. Nun stelle Dir vor, Du befindest Dich in einer schönen Gegend – wo immer es Dir gefällt. Male Dir in Deiner Vorstellung die Farben, die Geräusche und die Beschaffenheit dieser Landschaft in allen Einzelheiten aus.

9. Stelle Dir zwei, drei Minuten lang vor, wie Du völlig gelöst an diesem schönen Ort verweilst.

Der Krebs 10. Dann stelle Dir den Krebs entweder in seiner wirklichen oder in einer symbolischen Gestalt vor. Denke daran, daß die Tumoren aus schwachen, ungeordneten Zellen bestehen. Erinnere Dich daran, daß unser Körper im Laufe unseres Lebens krebsige Zellen zu Tausenden zerstört. Während Du Dir den Krebs bildlich vorstellt, mache Dir klar, daß Dein körpereigenes Abwehrsystem seine natürliche, gesunde Funktionsfähigkeit zurückerhalten muß, wenn Du genesen willst.

Der Kampf gegen Krebs 11. Wirst Du zur Zeit gegen Krebs behandelt, so stelle Dir vor, wie sich die Behandlung in Deinem Körper auswirkt.

Wirst Du mit Strahlen behandelt, stelle Dir einen Strahl aus Millionen von Energiekügelchen vor, der jede Zelle auf seinem Weg beschädigt. Normale Zellen können den Schaden reparieren, Krebszellen dagegen nicht, da sie schwach sind. (Dies ist einer der fundamentalen Fakten, auf denen die Strahlentherapie basiert.)

Wirst Du mit Chemotherapie behandelt, dann stelle Dir vor, wie das Medikament in Deinen Körper und Deine Blutbahnen eindringt. Stelle Dir vor, daß das Medikament wie ein Gift wirkt. Die normalen Zellen sind intelligent und stark und nehmen das Gift nicht so bereitwillig auf. Die Krebszelle dagegen ist schwach, und so ist es leicht, sie abzutöten. Sie absorbiert das Gift, stirbt ab und wird aus dem Körper hinausgeschwemmt.

12. Stelle Dir bildlich vor, wie sich Deine weißen Blut-

körperchen in jene Körperzonen begeben, wo sich Krebs gebildet hat, wie sie die anomalen Zellen entdecken und zerstören – ein riesiges Heer von weißen Blutkörperchen. Sie sind sehr stark und angriffslustig, lebhaft und gewandt. Die Krebszellen können nichts gegen sie ausrichten. Die weißen Blutkörperchen gewinnen die Schlacht.

13. Stelle Dir bildlich vor, wieder Krebs schrumpft. Sieh es vor Dir, wie die abgestorbenen Zellen von den weißen Blutkörperchen fortgetragen und durch Leber und Nieren mit dem Urin und dem Stuhl aus dem Körper gespült werden. **Verschwinden des Krebses**

• Dies ist Deine Erwartung, die von Dir gewünschte Entwicklung.
• Stelle Dir den schrumpfenden Krebs so lange vor, bis er völlig verschwunden ist.
• Sieh Dich jetzt selbst mit mehr Energie und stärkerem Willen. Du fühlst Dich im Kreis der Familie geliebt und geborgen, während der Krebs schrumpft und schrumpft und schließlich verschwindet.

14. Leidest Du an irgendwelchen Schmerzen, dann stelle Dir vor, wie das Heer der weißen Blutkörperchen an jene Stelle strömt und den Schmerz besänftigt. Welches Problem Dir auch zusetzen mag, erteile Deinem Körper den Befehl, sich selbst zu heilen. Stelle es Dir bildlich vor, wie Dein Körper gesund wird.

15. Sieh Dich selber von Leiden befreit, voll Energie und gesund.

16. Stelle Dir bildlich vor, wie Du Deine Lebensziele erreichst, daß es Deinen Familienangehörigen gutgeht, daß sich die Beziehungen zu den Menschen vertiefen. Wenn Du zwingende Gründe für Deinen Wunsch hast, gesund zu sein, dann werden diese Dir helfen, tatsächlich gesund zu werden. Nutze daher diese Minuten, um zu klären, was Dir in Deinem Leben wirklich wichtig ist. **Lebensziele**

17. Klopfe Dir im Geist lobend für Deine persönliche Mitarbeit bei Deiner Heilung auf die Schulter. Stelle Dir

vor, wie Du diese Übung dreimal täglich durchführst und dem Geschehen gegenüber bewußt und wachsam bleibst.
18. Lockere jetzt Deine Augenlider und werde Dir wieder bewußt, daß Du Dich in Deinem Zimmer befindest.
19. Öffne die Augen. Du bist jetzt wieder bereit, Deinen gewohnten Tätigkeiten nachzugehen.

Diese »Visualisierungstechnik« ist natürlich bei jeder anderen Krankheit ebenfalls mit den entsprechenden Abwandlungen erfolgreich anwendbar.

Allgemeine Lebenshilfen

Allgemeine Lebenshilfen

Zum Abschluß noch einige allgemeine Lebenshilfen, um mit der niederschmetternden »Diagnose Krebs« besser fertig zu werden:

Krankheit und Leid sind eine Aufforderung an uns Menschen, unser Leben grundlegend zu verändern. Der Körper ist der Sitz der Seele. Jede körperliche Krankheit schließt also die Seele mit ein – und umgekehrt.

Wenn man Ihnen eröffnet, daß Sie an einer »unheilbaren« todbringenden Krankheit leiden, so ändern Sie Ihr Leben von Grund auf! Führen Sie alles durch, was Sie schon immer machen wollten:

◆ Wechseln Sie Ihren Beruf!
◆ Gehen Sie mit einem Rucksack auf Weltreise!
◆ Stürzen Sie sich gegen alle moralischen Wertvorstellungen in ein Liebesabenteuer.
◆ Leben Sie ein »ausschweifendes« Leben!
◆ Ziehen Sie aufs Land, ins Gebirge, in den Süden. Gehen Sie ins Kloster!
◆ Tun Sie alles, was Sie bis dato glauben, versäumt zu haben!

Noch einmal: Ändern Sie Ihr Leben von Grund auf!

Die Angst vor dem Tod

*»Wirket, solange es Tag ist, denn es kommt die Nacht,
da niemand wirken kann.«*
(JESUS VON NAZARETH)

Der Tod – was ist das?
Ende oder Neubeginn? Anfang oder Ziel des Weges? **Der Tod:**
Für die allermeisten von uns ist der Tod etwas schlicht **ein Dieb in**
Unheimliches und Unbekanntes. Meist kommt er ohne **der Nacht**
Vorankündigung wie der sprichwörtliche Dieb in der
Nacht. Und für die meisten von uns kommt er zur
Unzeit.
Die Angst vor dem »Gevatter Tod« ist die elementarste von allen Ängsten. Sie ist die Urangst schlechthin, und sie steht stellvertretend für viele andere Ängste, wie die Angst vor Krankheit, die Angst vor dem Altwerden, die Angst vor dem Alleinsein usw.
Die Angst vor dem Tod gräbt sich in unser Bewußtsein wie keine zweite. Und nur wenigen gelingt es, sie noch zu Lebzeiten zu besiegen.

Die Kunst des Sterbens

Das Sterben kann wahrhaftig zu einer Kunst erhoben werden – zur »Kunst der Künste«!

> *»Das Wesentliche dieser Kunst besteht darin, daß man jederzeit – inmitten von Zukunftsplänen und regester Tätigkeit, bei blühender Gesundheit und frischester Kraft – in fröhlicher Heiterkeit und sicherer Zuversicht bereit ist, das ›andere Ufer‹ für die Dauer zu betreten – ohne die Möglichkeit einer Rückkehr.«*
> (BO YIN RA, Das Buch vom Jenseits)

Die Angst vor dem Tod

»auf Probe sterben«

Hier ist es schon wieder, das Zauberwort gegen die Angst, und es nennt sich »Zuversicht«!
Der indische Weise MAHARISHI MAHESCH hat dieses Auf-Probe-Sterben zu einem der Grundpfeiler seiner Lehren gemacht.
Er sagt dazu:

> »Ich lege mich auf den Boden, mache mich steif wie ein Leichnam, schließe die Augen und halte den Atem an. Dieser Leib ist tot, sage ich zu mir. Man wird ihn zum Verbrennungsplatz bringen, er wird zu Asche werden. Bin ich aber auch tot, wenn mein Körper tot ist? Bin ich der Körper? Dieser Leib ist jetzt still und steif, unabhängig von ihm aber bin ich mir meines Lebens bewußt.«

(zitiert nach PAUL BRUNTON, Yogis)

Es sollte also, streng genommen, kein Tag vergehen, an dem wir nicht auf Probe sterben!

Angst vor dem Sterben

Die Angst vor dem Sterben hat viele Wurzeln:
- ◆ Die Angst vor der Bestrafung für auf Erden verübte Untaten – durch das »jüngste Gericht«.
- ◆ Die Angst, im Leben viele – zu viele – Gelegenheiten versäumt zu haben, Gutes zu tun.
- ◆ Die Angst vor der Ungewißheit.
- ◆ Die Angst vor den Unabwägbarkeiten des Jenseits.
- ◆ Die Angst vor dem »Fegefeuer« und der »Hölle«.

Was werden denn heute alles für Anstrengungen unternommen, die »Unsterblichkeit« auf unterschiedlichste Weise zu erlangen. Es gibt aber nur eine Unsterblichkeit – die Unsterblichkeit der Seele.

Und es gibt auf Erden nur drei wirklich fundamentale Lebensziele:

Auslöschung des Karmas

- ◆ Die »Auslöschung des Karmas«: Damit wird es möglich, sein irdisches und sein nach-irdisches Schicksal zu beherrschen. Damit wird die Ur-Schuld getilgt, und ein neues Leben – die Rückkehr in den »Geist« – kann beginnen.

Die Kunst des Sterbens

- Die »Einung der Seelenkräfte«: Sie ist die Voraussetzung für diese Auslöschung des Karmas. Sie ist das höchste, irdisch zu erlangende Lebensziel. Sie stellt die vollkommene willensmäßige Beherrschung seiner selbst dar! — **Einung der Seelenkräfte**
- Die »Geburt des lebendigen Gottes«: Man kann sie auch mit dem Ausdruck »Erleuchtung« bezeichnen. Diese Erleuchtung wurde und wird nur den Allerwenigsten unter uns schwachen »erdversklavten« Menschen zuteil. Sie ist die eigentliche »Gnade Gottes«. Sie ist das Ergebnis einer Lebensweise, die immer nur das eine Ziel vor Augen hat – das »ewige Leben« zu erlangen. — **Geburt des lebendigen Gottes**

Wenn es gelingt, diese Erkenntnisse ins praktische Alltagsleben zu integrieren, dann verliert der Tod für immer seinen Schrecken!

»*Ein Leben treuer Pflichterfüllung, voll Liebe zu allem Lebenden, voll Streben nach Herzensgüte und Wahrhaftigkeit, nach Ordnung in Deinem Willenshaushalt und nach Veredelung Deiner Freuden – ein Leben voll fröhlichen Glaubens an die endgültige Erfüllung Deiner höchsten und geläutertsten Sehnsucht – wird jederzeit hier auf Erden für Dich das beste Leben sein ...*«
(BO YIN RA; Das Buch vom Jenseits)

Der Tod ist der Beginn eines neuen, eines besseren Lebens!

»*Kein Auge hat es gesehen, kein Ohr gehört, was Gott denen bereitet hat, die ihn lieben!*«
(Bibel, AT)

Die mentale Angstbewältigung

Mens sana in corpore sano. –
Ein gesunder Geist in einem gesunden Körper.
(JUVENAL, altrömischer Dichter)

Geist und Verstand Der Begriff »mental« bedeutet »geistig«, wird aber im allgemeinen Sprachgebrauch mit »intellektuell«, also verstandesmäßig gleichgesetzt. Verstand und Geist haben aber völlig voneinander verschiedene Bedeutungen.
Der Intellekt ist eine erweiterte Funktion des Körpers.
Der Geist stellt eine außerirdische Dimension dar. Um »in den Geist zu gelangen«, benötigen wir die Hilfe des Körpers und der Seele.

Die Struktur des Seins:

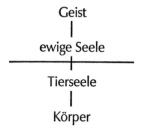

Tierseele In unserem Körper wohnt die Tierseele. Sie ermöglicht es uns, Empfindungen und Emotionen in uns wachzurufen – Freude, Lust, Zuversicht, Trauer, Seelenschmerz, Kunstsinn, Neid, Geiz, Liebe, Haß, Tierliebe, Sentimentalität, Eifersucht, Naturverbundenheit, Furcht und Angst.
Die Tierseele stellt den Kontakt zur »ewigen Seele« her. Es passiert das, was in den alten Büchern unter »Einung der Seelenkräfte« zu lesen steht.
Erst wenn dieses Ziel erreicht ist, wird unser »Karma«

Die mentale Angstbewältigung

gelöscht und die »Erbsünde« gesühnt, die »Erbschuld« getilgt, und wir sind vorbereitet, um »in den Geist zu gelangen«.

Um Deine Ängste in Zuversicht zu wandeln, vollziehe folgende Schritte in Dir:

Gedankendisziplin **Gedanken-**
Bemühe Dich immer wieder, Deine Gedanken zu ord- **disziplin**
nen. Bemühe Dich, Deine Gedanken zur Ruhe zu bringen. Bemühe Dich darum, Deine Gedanken in Worte zu fassen.
Was ist mein nächstes Lebensziel?
Was muß ich tun, um dieses Ziel zu erreichen?
Was hindert mich daran, dieses Ziel zu erreichen?
Worüber mache ich mir Sorgen?
Wovor habe ich Angst?
Was ist erforderlich, diese Angst zu überwinden?

Zeitplan erstellen **Zeitplan**
In welchem Zeitraum kann ich mein nächstes Lebensziel **erstellen**
erreichen?
Wann kann ich meine Angst überwunden haben?
Ab wann soll ich damit beginnen?
  Man soll die Probleme lösen, wenn sie da sind!

Selbstbejahung **Selbst-**
Du mußt einen festen, klaren Willen zu Dir selbst **bejahung**
entwickeln!
Du mußt zu Dir uneingeschränkt JA sagen, trotz aller Deiner Fehler und Schwächen!
Du mußt einen unerschütterbaren Glauben an Dich und Deine Fähigkeiten in Dir wachrufen!
Du mußt Deine Fehler und Schwächen als notwendige Hilfsmittel auf Deinem Lebensweg betrachten lernen!
Wenn Du einmal »gefallen« bist, dann stehe gleich wieder auf!

Die mentale Angstbewältigung

»Leben, als ob ...«   *Das »Leben, als ob ...«*
Betrachte Deine Probleme so, wie wenn sie bereits gelöst wären!
Lebe so, wie wenn es kein »Pech« für Dich gäbe!
Lebe so, wie wenn Du vom Glück verfolgt würdest!
Lebe so, wie wenn Du die Angst nicht kennen würdest!
Lebe so, wie wenn Du deine Lebensziele bereits erreicht hättest!
Lebe so, wie wenn ...!

Die seelische Angstbewältigung

SELBSTBEHAUPTUNG – SELBSTBEWUSSTSEIN – SELBSTVERTRAUEN

Angst duldet kein Selbstvertrauen.

Unser Leben ist ein ständiger Kampf um Selbstbehauptung und Durchsetzung der eigenen Ideen und Ziele. Das eigentliche Zauberwort der Lebenskunst lautet: Selbstvertrauen! Das Vertrauen in die eigenen Kräfte und Fähigkeiten ist die Basis, auf der unsere Erfolge im Lebenskampf gründen. **Selbstvertrauen ...**

Dieses Selbstvertrauen ist allerdings von frühester Kindheit an das Ziel von Sabotageakten seitens unserer Umwelt. Fragen Sie sich einmal, wie oft die Motive Ihres Handelns darin bestehen, anderen »eins auszuwischen« und damit ihr Selbstvertrauen zu untergraben. Viele Menschen bauen ihr eigenes Selbstvertrauen auf den seelischen Trümmern ihrer Mitmenschen auf.

Es gibt zwei Wege, dies zu bewerkstelligen: **... und wie es zerstört wird**
- Man schürt die Ängste des anderen. Das gelingt besonders leicht bei einem Kind. »Wenn du nicht artig bist, dann ...«, »Wenn du keine guten Noten nach Hause bringst, dann ...«, »Nimm dich ja zusammen, sonst ...« usw.
- Man greift direkt sein Selbstvertrauen an. »Du bist und bleibt ein Versager!«, »Glaubst du, daß du das schaffen wirst? Ich kann mir das nicht vorstellen«, »Ich würde mir an deiner Stelle mein Lehrgeld zurückgeben lassen« usw.

Alles dies wird oft nur mehr durch einen Faktor übertroffen – durch die eigene Selbsteinschätzung. Viele Menschen werden ein von Kindheit an untergrabenes Selbst-

Die seelische Angstbewältigung

wertgefühl ein Leben lang nicht mehr los. Sie fallen immer wieder in die gleichen Verhaltensmuster und erneuern so ihr eigenes Negativ-Programm.

Es ist daher sehr ratsam, zunächst einmal den eigenen Ist-Zustand zu analysieren:

Selbstbe- *Selbstbehauptungstest*
hauptungs- Wie gut können Sie sich im Umgang mit Ihren Mitmen-
test schen durchsetzen? Sind Sie direkt, offen, bestimmt, oder lassen Sie sich von anderen Menschen ausnutzen und dominieren? Antworten Sie bei jeder der 30 Fragen mit JA oder NEIN. Untersuchen Sie dann jeden Punkt, um zu prüfen, wie Sie sich besser durchsetzen könnten.

___ 1. Jemand ist ungerecht zu Ihnen. Setzen Sie sich zur Wehr?

___ 2. Achten Sie sehr darauf, Ärger mit anderen Leuten zu vermeiden?

___ 3. Meiden Sie häufig sozialen Kontakt aus Angst, etwas Unpassendes zu tun oder zu sagen?

___ 4. Ein Freund mißbraucht Ihr Vertrauen. Stellen Sie ihn zur Rede?

___ 5. Sie leben in einer Wohngemeinschaft. Bestehen Sie darauf, daß die Mitbewohner ihren Anteil an der Hausarbeit erledigen?

___ 6. Ein Verkäufer will einen Kunden bedienen, der nach Ihnen den Laden betreten hat. Machen Sie ihn darauf aufmerksam?

___ 7. Gibt es nur wenige Leute, in deren Gegenwart Sie sich wohl und entspannt fühlen?

___ 8. Würden Sie zögern, einen guten Freund zu bitten, Ihnen Geld zu leihen?

___ 9. Jemand, dem Sie Geld geliehen haben, scheint das vergessen zu haben. Erinnern Sie ihn daran?

___ 10. Jemand ärgert Sie. Fällt es Ihnen schwer, Ihren Zorn zu äußern?

___ 11. Sie stehen ganz hinten in einem überfüllten Vortragsraum. Bemühen Sie sich, einen Platz weiter vorn zu ergattern?

Die seelische Angstbewältigung

___ 12. Ihr Hintermann im Kino tritt ständig gegen Ihren Sitz. Bitten Sie ihn, das zu unterlassen?

___ 13. Ein Freund hat Sie schon häufig mitten in der Nacht angerufen. Bitten Sie ihn, Sie in Zukunft nicht nach einer bestimmten Uhrzeit anzurufen?

___ 14. Jemand unterbricht Sie dauernd in einem Gespräch. Geben Sie Ihrem Ärger Ausdruck?

___ 15. In einem guten Restaurant wird Ihnen lauwarmes Essen serviert. Beschweren Sie sich beim Kellner?

___ 16. Ihr Wohnungsbesitzer hat vor Wochen einige Reparaturen versprochen. Bestehen Sie darauf?

___ 17. Sie stellen fest, daß ein eben gekauftes Kleidungsstück fehlerhaft ist. Bringen Sie es zurück?

___ 18. Eine von Ihnen geschätzte Person äußert Ansichten, die Sie nicht gutheißen können. Haben Sie den Mut, Ihren Standpunkt zu vertreten?

___ 19. Können Sie nein sagen, wenn Leute unvernünftige Forderungen an Sie stellen?

___ 20. Sind Sie der Meinung, daß man auf seinen Rechten bestehen sollte?

___ 21. Protestieren Sie, wenn sich in einer Schlange jemand vordrängt?

___ 22. Neigen Sie dazu, sich ständig zu entschuldigen?

___ 23. Sie werden ungerechterweise von einem Freund kritisiert. Protestieren Sie offen?

___ 24. Sind Sie in der Lage, einer dominierenden Person zu widersprechen?

___ 25. Sie erfahren, daß jemand falsche Gerüchte über Sie verbreitet. Stellen Sie ihn zur Rede?

___ 26. Behalten Sie gewöhnlich Ihre Ansichten für sich?

___ 27. Können Sie Liebe und Zuneigung offen äußern?

___ 28. Sagen Sie Ihren Freunden, daß Sie sie mögen?

___ 29. Sind Sie fähig, ein Telefongespräch abzubrechen, wenn Sie in Eile sind?

___ 30. Sie bemerken beim Verlassen eines Ladens, daß man Ihnen zu wenig Wechselgeld zurückgegeben hat. Gehen Sie zurück, um sich zu beschweren?

Die seelische Angstbewältigung

Ein JA bei Frage 1, 4, 5, 6, 9, 12, 13, 14, 15, 16, 17, 18, 19, 20, 21, 23, 24, 25, 27, 28, 29, 30 und ein NEIN bei Frage 2, 3, 7, 8, 10, 11, 22, 26 deuten auf Durchsetzungsvermögen hin.

Und jetzt versuchen Sie einmal, alle negativen Selbstbewertungsfaktoren herauszuarbeiten:

Wie bewerten Sie Ihre Rolle im Berufsleben, in der Ehe, in der Kindererziehung, im Umgang mit anderen Menschen, in Gefahrenmomenten, in Fragen der Zivilcourage, im Straßenverkehr usw.

»Wehret nicht dem Bösen, sondern tuet das Gute.«
(JESUS VON NAZARETH)

Wie oft sagen Sie JA zu sich, trotz Ihrer Fehler und Schwächen?
Wie oft bauen Sie sich selbst auf?
Wie oft sagen Sie NEIN zu sich, trotz all Ihrer guten Eigenschaften? Wie oft deprimieren Sie sich selbst?

Das uneingeschränkte JA
Das uneingeschränkte JA ist die wichtigste Voraussetzung für den Aufbau eines krisenfesten Selbstvertrauens. Und dieses Ja muß alle Lebensbereiche umfassen! Und Sie müssen sich dabei über Ihre Eitelkeit und Ihren Hang zum Perfektionismus hinwegsetzen.

Placebo – Nocebo

Hinter diesen beiden mysteriösen Begriffen verbergen sich die beiden gegensätzlichen Philosophien der menschlichen Existenz. Das Glas ist entweder halb voll oder halb leer.

Es ist entweder teilweise sonnig oder teilweise bewölkt.

Placebo
Der Begriff Placebo (placet = es gefällt) ist uns aus der Medizin bekannt. Er bezeichnet ein Schein-Medikament, das bestimmte Wirkungen hervorrufen soll, obwohl die entsprechende Wirksubstanz in dem Mittel gar nicht enthalten ist. Zahllosen diesbezüglichen Untersu-

chungen zufolge reagieren etwa 30 Prozent aller Menschen darauf.

Viel weniger bekannt ist das »Nocebo« (nocet = es schadet). Es ist dies ein Schein-Giftstoff, der durchaus gesundheitlich negative Auswirkungen haben kann, obwohl ebenfalls keine Wirksubstanz in dem Mittel enthalten ist. **Nocebo**

Das seelische Placebo heißt: Glaube, Zuversicht, Optimismus, selbstbejahende Affirmation usw.

Das seelische Nocebo heißt: Aberglaube, Angst, Pessimismus, psychologische Umkehrung usw.

Es ist eine immer wieder bewiesene Tatsache, daß die innere Grundeinstellung eines Menschen sein Schicksal in die entsprechenden Bahnen lenkt. Es gibt bekanntlich Menschen, die stets »vom Pech verfolgt« sind, und es gibt umgekehrt Menschen, die immer nur Glück haben, oder es immerhin von sich behaupten.

In den allermeisten Fällen stehen wir unserem eigenen Glück selbst im Wege, durch unsere negative Grundeinstellung. Jeder von uns trägt einen verderblichen Hang zur Selbstschädigung oder Selbstzerstörung in sich.

Diesen Hang in sein Gegenteil zu verkehren, dazu soll Dir dieses Buch verhelfen!

Ein seelisches Nocebo ist das schon erwähnte Phänomen der »psychologischen Umkehrung«. Sie liegt dann vor, wenn man ein bestimmtes Ziel erreichen will, das eigene Verhalten, das zum Erreichen dieses Zieles erforderlich wäre, dem aber unbewußt entgegengesetzt ist. **Psychologische Umkehrung**

Dazu zwei Beispiele:

Beispiel 1: Abnehmen **Abnehmen**

Wir haben uns wieder einmal entschlossen abzunehmen. Es wird ein neues Diätbuch gekauft, das sensationelle Erfolge verspricht. Vor Antritt der Diät muß allerdings noch der Kühlschrank »leergegessen« werden, damit nur ja nichts verdirbt. Dann müssen noch die drei längst fälligen Einladungen absolviert werden. Und

Die seelische Angstbewältigung

schließlich ist da noch das verlängerte Wochenende in Paris ausständig. Aber dann geht's los ...

Rauchen abgewöhnen

Beispiel 2: Rauchen abgewöhnen
Wir wollen uns wieder einmal das Rauchen abgewöhnen. Man beschließt, dies zunächst einmal auf die sanfte Tour zu beginnen, da man ein Feind alles Radikalen ist. Außerdem wird man selbstverständlich alle erdenklichen Hilfsmittel der modernen Raucherentwöhnung wie Nikotinkaugummi und Nikotinpflaster einsetzen. Man kauft also eine Stange Light-Zigaretten und alle sonstigen Utensilien. Dann folgt der heroische Entschluß: Sobald das Vorhandene »weggeraucht« ist, wird Schluß sein ...
Beides klassische Beispiele einer psychologischen Umkehrung.
Das hier dargestellte Verhalten trägt den Keim des Mißerfolges bereits in sich. Das unterstreicht wiederum die Bedeutung einer gründlichen, schonungslosen Selbstanalyse vor derartigen Unternehmungen. Will ich wirklich abnehmen? Will ich wirklich mit dem Rauchen aufhören? Will ich wirklich meinen Arbeitsplatz wechseln? Will ich wirklich ...?

Selbsterkenntnis ist der erste Weg zur Besserung.
(Binsenweisheit)

Positives Denken

Die Hauptwaffe gegen die heimtückische psychologische Umkehrung ist dann die »selbstbejahende Affirmation«, vulgo das »positive Denken« ...

Imagination – die Kraft der Vorstellung

Synonyme Begriffe für die Imagination sind:
Positives Denken
Finaldenken
Dynamischer Glaube
Positive Autosuggestion
Visualisierung
Das richtige Beten
Die »sich selbst erfüllende Prophezeiung«
Die »selbstbejahende Affirmation«
Alle diese Begriffe sind Ausdruck des einen großen Lebenszieles: **Das große Lebensziel**
◆ Das Böse in das Gute zu verkehren;
◆ die Angst durch die Zuversicht zu verdrängen;
◆ das Pech in Glück umzuwandeln.
Alles im Leben ist nur eine Frage der inneren Einstellung.
 »Es geht mir mit jedem Tag in jeder Hinsicht immer besser und besser!«
Dieses Zitat ist ein Kernsatz des französischen Apothekers Emile COUÉ, den dieser zu Anfang unseres Jahrhunderts seinen leidenden Patienten mit auf den Weg gegeben hat.
»Je intensiver wir eine Sache betreiben mit dem Gedanken, daß wir sie nicht ausführen können, umso mehr tun wir das Gegenteil dessen, was wir wollen.«
So lautete eine seiner weiteren Aussagen.
In diesem Zusammenhang stellt sich die Frage: Kann man sich Dinge einreden?
Man kann!
Je häufiger und intensiver man sich einen Sachverhalt vor Augen führt, desto eher wird er tatsächlich in Erschei-

Imagination – die Kraft der Vorstellung

nung treten, sei er nun positiver oder negativer Natur. Es gibt Menschen, die buchstäblich »vom Pech verfolgt« sind, und solche, die in ihrem Leben immer nur Glück haben.

Positive Autosuggestion

Positive Autosuggestion heißt: die ununterbrochene ausschließliche Einstellung allen Denkens, Fühlens und Handelns auf das angestrebte Lebensziel. Man darf nicht im Traum daran denken, daß es anders kommen könnte, als man es will!

»Um Dir Dein Glück zu schaffen, mußt Du jedoch, trotz allem Übel, trotz allem Schlechten, das Dir begegnen mag, mit unerschütterlicher Energie Dir den Glauben an die siegende Kraft alles Guten erkämpfen.«

(BO YIN RA, Das Buch vom Glück)

Die Kraft der Vorstellung übersteigt alle anderen Kräfte des Menschen. Sie wird nur viel zu wenig genützt. Jede Kraft wird stärker, wenn man sie betätigt. Wie ein Sportler regelmäßig trainieren muß, um seine körperliche Leistungsfähigkeit zu steigern, so sollten auch wir unsere Vorstellungskraft trainieren, um unsere jeweiligen Lebensziele leichter zu erreichen. Wir müssen unerschütterlich an die Erreichung dieser Ziele glauben! Denn: Vorstellung, Glaube und Kraft sind eins!

Positive Autosuggestion

Zielvorstellung

Wie geht nun diese positive Autosuggestion vor sich?

◆ Zuallererst muß man eine möglichst präzise Vorstellung von dem Ziel haben, das man erreichen will. Am besten ist es, diese Vorstellung schriftlich zu formulieren. Anfangs wird diese Formulierung mit vielen Worten erfolgen. Versuchen Sie aber, sich immer knapper und präziser auszudrücken. Versuchen Sie schließlich, einen kurzen Satz oder – nach Möglichkeit – ein einzelnes Wort für Ihren Lebenswunsch zu finden.

◆ Diesen Satz oder dieses Wort schreiben Sie deutlich in Großbuchstaben mehrmals auf einzelne Blätter Papier. Diese Papierblätter mit Ihrem formulierten Wunsch legen Sie an verschiedenen Stellen in Ihrem Wohn- und Arbeitsbereich auf, und zwar so, daß Sie sie immer wieder im Blickfeld haben. Wichtig ist noch, daß die getroffene Formulierung positiv gefärbt ist! **Positive Formulierung**

Ein Beispiel: Für viele Menschen ist ein Gewinn im Lotto der Inbegriff des Lebensglücks. In so einem Fall schreiben Sie nicht »Gewinn im Lotto«, sondern z. B. »Lotto – optimal«.

Oder: Sie wünschen sich sehnsüchtig einen Partner, der gut zu Ihnen paßt. Also schreiben Sie nicht einfach »Partner«, sondern »Lieber Mann« usw.

◆ Die positiven Worte in Ihrem Blickfeld werden allmählich Ihre Seele magisch formen, sie werden gewissermaßen ein Teil von Ihnen werden. **Seele formen**

◆ Als weitere Steigerungsmöglichkeit können Sie die entsprechenden Worte immer wieder – wenn Sie ungestört sind – laut und deutlich aussprechen. **Aussprechen**

Sie müssen sich die Worte im wahrsten Sinn ein-reden. Es sollte kein Tag vergehen, an dem Sie diese Worte nicht mehrmals deutlich hörbar ausgesprochen hätten!

Dieses Ein-Reden kann auch in Form eines positiv formulierten Satzes erfolgen, z. B. »Ich finde einen Partner, der gut zu mir paßt!« oder »Ich werde bald wieder ganz gesund!« oder »Ich werde im Lotto viel Geld gewinnen!«

So banal es auch klingen mag, auch Dinge des täglichen Bedarfes oder andere »irdische« Dinge wie z. B. der Gewinn von Geld sind als gedankliche Inhalte der positiven Autosuggestion zu verwenden. Wer an nichts glaubt, erreicht nichts ...

Imagination – die Kraft der Vorstellung

Meditative Verarbeitung

♦ Die dritte Steigerungsmöglichkeit dieser Methode besteht aus der gedanklichen – meditativen – Verarbeitung der entsprechenden Worte. Sie begeben sich ein- oder zweimal pro Tag an einen Platz, wo Sie 20 Minuten lang ungestört sind. Am besten legen Sie sich auf den Rücken. Dann versuchen Sie durch einfaches, regelmäßiges Atmen einen gewissen »inneren Rhythmus« herzustellen. Danach sprechen Sie die Worte, die Ihren Wunsch beschreiben, im Rhythmus Ihrer Atemzüge mehrmals in Gedanken aus. Diese Aussprache sollte völlig unhörbar nach innen erfolgen – Sie sollten dabei nicht einmal die Lippen bewegen. Tun Sie dies, sooft es Ihnen gefühlsmäßig angenehm ist bzw. solange Sie ein gewisses optimistisches Gefühl dabei empfinden können.

Das Ziel vor das »geistige Auge« holen

♦ Zuletzt versuchen Sie noch, für einige Zeit die entsprechende Situation vor Ihrem »geistigen Auge« entstehen zu lassen. Sie müssen sich vorstellen, wie die gewünschte Situation in Ihr Leben tritt, so, als ob sie Wirklichkeit wäre!

Es darf nicht den geringsten Zweifel in Ihnen geben, daß Ihr Wunsch in Erfüllung gehen wird, wenn er auch nur im mindesten in Ihrem irdischen Verwirklichungsbereich liegt. Es ist beispielsweise höchst unwahrscheinlich, daß Sie der neue Kaiser von China werden, auch wenn Sie es sich noch so sehr wünschen ... Es wird aber unter Umständen möglich sein, daß Sie einstmals der Generaldirektor in Ihrer Firma werden, auch wenn Sie heute nur ein »kleiner Angestellter« sind.

Zum Schluß muß noch auf eine entscheidende Voraussetzung hingewiesen werden, die die »positive Autosuggestion« erst zu dem macht, was sie wirklich ist, nämlich eine unentbehrliche Lebenshilfe:
Es klingt zwar sehr selbstverständlich, aber bedenken Sie stets, daß entscheidend für das Erreichen Ihres Zieles ist

– alles im irdischen Alltag zu unternehmen, was zum Erreichen des Zieles notwendig ist!

»Ohne die Anspannung aller Deiner übrigen Kräfte ist die Kraft Deines Glaubens biegsames Blei – erst dadurch, daß Du trotz allem Vertrauen in die Kraft Deines Glaubens jede nur auffindbare Energie in Dir, um Dir selbst zu helfen, auch nach außen hin tätig werden läßt, wird die Kraft Deines Glaubens zu federndem Stahl, zu einer Toledoklinge, die auch am härtesten Widerstand nicht zerbricht und schließlich den Knoten durchschlägt und durch-schneidet, der sich anders nicht mehr lösen läßt ...«
(BO YIN RA, Das Buch vom Glück)
Das allein ist wahres Glück!

»Das Leben, als ob« – eine ungeahnte Quelle der Kraft

Man sollte im Leben immer »so tun, als ob«!
◆ Wenn man unglücklich ist, sollte man tun, als ob man glücklich wäre!
◆ Wenn man krank ist, sollte man tun, als ob man gesund wäre!
◆ Wenn man häßlich ist, sollte man tun, als ob man schön wäre!
◆ Wenn man alt ist, sollte man tun, als ob man jung wäre!

Diese Liste ließe sich noch beliebig fortsetzen ...
Die meisten Menschen schätzen sich selbst zu gering ein – sie leiden unter Minderwertigkeitskomplexen. Das Gefühl der Minderwertigkeit beruht letztlich wiederum auf einer unbestimmten, unbewußten Angst.
Es ist die Angst davor, selbst nicht soviel »wert« zu sein wie jemand anderer; es ist die Angst, einem anderen unterlegen zu sein; und es ist die Angst, die Erwartungen der Umwelt nicht erfüllen zu können.

Minderwertigkeitskomplexe

Das »gestörte Selbstvertrauen«, das »verminderte Selbstbewußtsein«, das »nicht mehr vorhandene Selbstwertgefühl« – das sind Schlagworte, die uns symbolhaft vor Augen führen, daß jeder Mensch letztlich auf sein »Selbst« angewiesen ist. Und die Stärkung des »Selbst« ist eine der wichtigsten Aufgaben der menschlichen Existenz!

Wie geht nun dieses »Leben, als ob« vor sich?

Sich Positives vorstellen

◆ Beginnen Sie mit dem Positivsten, das Ihnen in den Sinn kommt: Stellen Sie sich vor, wie Sie eine besonders schwierige Situation Ihres Alltags optimal bewältigen, so, als ob es für Sie das Einfachste der Welt bedeuten würde. Versuchen Sie immer und immer wieder, sich vorzustellen, wie Sie mit dieser schwierigen Situation fertig werden. Versuchen Sie, keinen Gedanken des Zweifels aufkommen zu lassen.

◆ Versuchen Sie, sich selbst – als Person – im besten Licht erscheinen zu lassen. Stellen Sie sich einen Menschen vor, wie er besser, größer und schöner nicht sein könnte.

◆ Versuchen Sie, sich selbst mit dem Bild dieses Menschen zu identifizieren!

◆ Schlagen Sie sich jeden Gedanken des Zweifels aus dem Sinn, der Sie in dieser großartigen Vorstellung von sich selbst behindern könnte!

◆ Wann immer Sie diesen Zweifel an sich selbst hegen, setzen Sie sich für einige Minuten in eine stille Ecke und versuchen Sie, auf diese Weise wieder Ihr Selbstvertrauen aufzubauen.

Sie müssen so tun, als ob es nichts und niemanden gäbe, der Sie daran hindern könnte, der Beste, Größte und Schönste zu sein!

TEIL III
GEISTIGE ERLÖSUNG

Meditation – Balsam für die Seele

Meditieren heißt, die Mitte finden. Die Mitte –
◆ das ist die Einheit von Körper, Seele und Geist;
◆ das ist das absolute Sein;
◆ das ist die allumfassende Liebe;
◆ das ist Gott.

Wenn wir meditieren, versuchen wir, das Göttliche in uns zu finden und zu wecken. Die Suche nach Gott ist die Suche nach unserem Selbst, die Suche nach dem eigentlichen Ich. Die Meditation ist daher eine unentbehrliche Hilfe auf unserem Lebensweg: Sie verschafft uns den notwendigen Abstand zu den Problemen des Alltags; sie bewahrt uns vor Selbstüberschätzung und Hochmut; sie hilft uns, Angst und Schwermut zu überwinden; sie ist die beste Waffe gegen die Depressionen und Ängste.

Die Suche nach Gott in uns selbst

Meditieren bedeutet, sich einige Minuten des Tages von den äußerlichen Dingen des Alltags zurückzuziehen. Es bedeutet, sich bewußt von den irdischen Problemen zu lösen, als ob sie nicht vorhanden wären, und Abstand von sich selbst zu gewinnen. Meditieren ist Denken, Sinnen, Fühlen – alles in einem!

»Wenn Du beten willst, dann geh in Deine Kammer und schließ die Türe zu!«
(Bibel)

Wenn Sie meditieren wollen, sollten Sie alle Störungsmöglichkeiten von außen ausschalten. Verschaffen Sie sich Pause vom Alltag! Dunkeln Sie den Raum ab und zünden Sie eine Kerze an.

Die Praxis der Meditation

Nehmen Sie zur Meditation eine Haltung ein, die Ihnen angenehm ist. Die manchmal vorgeschriebenen »Meditationshaltungen«, wie z. B. der Yoga-Lotossitz oder der japanische Fersensitz, sind für den Erfolg der Meditation ohne Belang. Sie stellen – ähnlich wie die Atmung – in den meisten östlichen Religionsformen ein integrierendes Element dar. Nicht so im Westen! Hier sind lediglich die Gedankeninhalte und Vorstellungen von Bedeutung, nicht aber die Körperhaltung.

Für unsere Meditationsübung ist es vor allem wichtig, daß Sie während der folgenden Stunde keine Schmerzen in den Gelenken oder in der Wirbelsäule verspüren.

Die Meditation könnte/sollte in drei Phasen ablaufen:

Entspannung ENTSPANNUNG: Führen Sie die erste Phase der Meditation mit Hilfe einer der in diesem Buch angeführten Entspannungsmethoden durch.

Meditation DIE EIGENTLICHE MEDITATION: Sie sollte anfangs zwischen 15 und 30 Minuten dauern, nach entsprechender Schulung der Konzentrationsfähigkeit kann dieser Zeitraum nach Belieben ausgedehnt werden.

Atmung ATMUNG: Den Abschluß jeder Meditation sollte eine Atmungsübung bilden, mit deren Hilfe Sie wieder in das Alltagsbewußtsein zurückkehren. Am besten eignet sich dafür die unter »Kreislaufatmung« (siehe das Kapitel »das körperliche Universalprogramm gegen die Angst«) beschriebene Technik.

Die in der Folge beschriebenen Meditationstechniken stellen Anleitungen und Anregungen dar, wie Sie den elementaren Lebensbereich Meditation in Ihrem Alltag einbauen können. Die aufgezeigten Möglichkeiten sind bewußt an die seelischen Erfordernisse des westlichen Menschen angepaßt, denn es bestehen grundsätzliche Unterschiede zwischen westlichen und östlichen Meditationstechniken.

Alles, was aus dem geistigen Gedankengut des Yoga, des Buddhismus, des Konfuzianismus, des Taoismus und aller anderen östlichen Religionen stammt, ist für den »Westmenschen« als praktische religiöse Verrichtung ungeeignet und mitunter sogar gefährlich. Die entsprechende Literatur gibt darüber erschöpfend Auskunft.

Suchen Sie sich nun eine oder mehrere der hier aufgezeigten Möglichkeiten aus.

Die Wortübung

Wir leben im Zeitalter des Wortes. Jedes Wort der Menschensprache birgt eine Kraft in sich. Bei entsprechender Übung kann es Ihnen gelingen, einen Teil dieser Kraft aufzunehmen und seelisch zu nutzen. Wählen Sie hierfür ein Wort, das Ihnen zu Herzen geht, Sie ergreift und erhebt.
Beispiele: ICH, FRIEDE, FREUDE, LIEBE, LICHT, GOTT, JESUS ... Sie können auch Ihren eigenen Namen wählen.

◆ Versuchen Sie jetzt, nachdem Sie durch Entspannung ruhig geworden sind, Ihre gesamte Aufmerksamkeit auf dieses eine Wort zu richten.

◆ Streben Sie danach, alle anderen Gedanken zur Ruhe zu bringen oder sie zumindest unbeachtet zu lassen.

◆ Versuchen Sie, sich dieses Wort vor Ihrem geistigen Auge vorzustellen – leuchtend, in klarer Schrift Ihrer eigenen Hand.

◆ Versuchen Sie gleichzeitig, dieses Wort »mit dem inneren Ohr« zu »hören«.

◆ Versuchen Sie ebenfalls gleichzeitig, dieses Wort in seiner innersten Bedeutung zu »erfühlen«.

Sich der Magie eines Wortes übergeben

»Hast Du aber alles, was hier verlangt wird, wirklich erreicht, dann wird eine neue, große Erweiterung Deines Empfindens, ein weitaus wacheres Erleben Deines Daseins Dir die Sicherheit geben, daß Du geschützt vor jeder Selbsttäuschung bist.

Dann schreite weiter, Du, der das höchste aller menschlichen Ziele erstrebt!

Nun mußt Du jene Worte in Dir selbst, mit Deinem ganzen Sein, zu fühlen suchen!

Nun müssen jene Worte in Dir selbst lebendig werden. Nicht nur Deine Seele soll vom »Geist« der Worte

durchdrungen sein, sondern Dein Erdenleib muß jetzt in jeder Faser jene Worte fühlen lernen!
Die Worte müssen mit Dir, mit Deiner Seele und Deinem Leibe, zu einem Sein verschmolzen werden.
Dein Erdenkörper muß zum Körper der gewählten Worte werden, als ob nichts anderes in ihm lebendig wäre.
Die Kräfte Deiner Seele, bereits in Deinem Willen straff geeint, müssen nun sich den Worten, die Du wähltest, einen, und Du mußt als Bewußtsein dieser Worte Dich empfinden!
Dann aber hast du Großes errungen auf Deinem Wege!«
(BO YIN RA, Das Buch vom lebendigen Gott)

Immer wieder üben
Üben Sie diesen Vorgang immer und immer wieder – bis Sie den Eindruck gewonnen haben, einen Erfolg errungen zu haben.
Üben Sie diesen Vorgang
◆ mit Worten der Freude, wenn Sie glücklich sind, und
◆ mit Worten der Trauer, wenn Sie traurig sind.
Jedes Wort kann Ihnen auf diese Weise einen Dienst erweisen.

Die Magie des Wortes
Es gibt noch eine weitere Möglichkeit, Kraft aus dem Wort zu schöpfen.
Dazu wieder BO YIN RA:

»Es gibt Worte, denen Dein ›Verstehen‹ machtlos gegenübertritt, und dennoch sprichst Du sie nicht aus, ohne daß sie ›magisch‹ Deine Seele formen, obwohl Du sie keineswegs zu ›sprechen‹ weißt in jener Weise, in der sie alle Kraft aus sich befreit sehen würden ...«
»Bedenke, mein Freund: Alles im Kosmos hat seinen Rhythmus und seine Zahl! Auf Rhythmus und Zahl gründet sich alle ›Magie‹!«
Und schließlich noch:
»Wenn Du nun Worte erfühlen lernen willst, dann

kann Dir jedes Wort Deiner Sprache zum Lehrer werden ...
Suche aber nicht nach ›Bedeutung‹, wenn Du diesen Weg beschreiten willst! ›Bedeutung‹ läßt sich nicht lange verhüllen, sie will sich Dir zeigen. ›Höre‹ in Dir die Worte, von denen Du lernen willst! Du wirst alsbald sie ›hören‹ als ob sie ein anderer spräche, und das soll Dir das erste Zeichen sein, daß Du auf sicherem Wege bist, das Sprechen der Worte selbst in Dir vernehmen zu lernen, denn das Wort hat wahrhaftig die Kraft, sich selbst zu sprechen ...«

Worte mit dem inneren Auge zu sehen und mit dem inneren Ohr zu hören – das kann zu einer unerschöpflichen Kraftquelle für Sie werden ...

Mantra – Hilfe durch den Sinn

Im Wort steckt die größte magische Kraft unserer Zeit! Wir wissen, welche ungeheuren Kräfte durch richtig gewählte Worte in Bewegung gesetzt werden können. Die großen Herrscher haben es zu allen Zeiten verstanden, diese richtig gewählten Worte ihren Völkern nahezubringen – zum Guten und zum Schlechten.

Wir alle kennen den Begriff »Schlagwort« – er bezeichnet eine Verwendungsform der Sprache, die Menschen im buchstäblichen Sinn erschlagen kann.

»Schlagwort«

Ein einziges derartiges Wort kann das Leben eines Menschen von Grund auf verändern. Denken Sie etwa an das Wort Krebs. Ein Mensch, der einmal den Satz hört: »Sie könnten Krebs haben«, wird diesen Begriff aus seinem Leben nicht mehr verbannen können. Das Wort »Krebs« wird wie ein Damokles-Schwert über seinem Kopf schweben, ein Leben lang, auch wenn er niemals in seinem Leben tatsächlich an Krebs erkrankt.

Ein positives Beispiel: Der magische Satz »Ich liebe Dich« kann aus einem kranken Menschen einen gesunden machen, aus einem depressiven einen optimistischen ...

Wie schon vorher erwähnt, kann und soll man die Kraft des Wortes für sein alltägliches Leben nutzen, ja man kann sogar sein ganzes Leben unter das Motto eines einzigen Wortes stellen:

Macht, Reichtum, Haß, Helfen, Demut, Liebe ...

Die Kraft der Wörter

Das Wissen um die Einwirkungsmöglichkeiten mit Hilfe des Wortes auf die Seele des Menschen ist so alt wie die Menschheit selbst. Die Priester der Weltreligionen haben dieses uralte Wissen gepflegt und sorgsam als Geheimnis gehütet. Es wurde immer nur an Nachfolger, an »Eingeweihte«, weitergegeben.

Im Laufe vieler Jahrhunderte haben sich in den verschiedenen Kulturkreisen bestimmte Lautfolgen entwickelt, denen unbewußte magische Einwirkungen auf die Seelen der Menschen zugeordnet wurden. Sie sind bis heute ritueller Bestandteil der religiösen Verrichtungen in Ost und West.

Mantram und Gebet

Im Osten nennt man sie »Mantram« – im Westen »Gebet«. Es handelt sich dabei um Worte, Sprüche und Satzfolgen, die in den rituellen Ablauf des Gottesdienstes integriert werden oder aber im Alltag, gleichsam als »privater Gottesdienst«, verwendet werden können.

Mantra-Praxis

Bezüglich der Verwendung von Mantras besteht ein wesentlicher Unterschied zwischen Ost und West darin, daß der »Ost-Mensch« seine Mantras laut hörbar mit rhythmischen Körperbewegungen vor sich hersagen soll. Das bekannteste Beispiel: OM MANI PADME HUM. (Wahrlich, die Lotosblüte birgt das Geheimnis.)

Wann immer Zeit und Gelegenheit dazu besteht, sollte dieses Mantram in monotoner Sprechweise mehrfach ausgesprochen werden.

Die westliche Form der Mantra-Praxis hingegen schreibt vor, die entsprechenden Lautfolgen unhörbar, selbst ohne Bewegung der Lippen, »einzusprechen«, um auf die Seele wirken zu können.

Mantra – Hilfe durch den Sinn

BO YIN RA hat in seiner Schrift »Funken Mantra-Praxis« 22 deutsche Mantras geschaffen und dazu die entsprechenden Erklärungen verfaßt. Drei Beispiele daraus:

Beispiele

- Nicht mehr,
  Noch nicht.
  Was dazwischen
  Ist,
  Bin – Ich!
- Wegweisender Wille!
  Wolle in mir!
  Wirke Werden!
  O Über-Ich!
  Über-zeuge mich!
  Über-lichte mich!
  Wirke Werden!
  Werde – Ich!
- Wall von Kristall
  Allüberall!
  Schließe Dich
  Rings um mich,
  Schließe ein
  Mich im Sein!
  Überwölbe mich!
  Überforme mich!
  Laß nichts herein
  Als Licht allein!

Hierzu die wichtigsten Erläuterungen:

»*Der Abendländer, der die Wirkung des nach innen gesprochenen Wortes der Formung und dem Selbsterleben seiner Seele dienstbar machen will, wird auf alle Fälle sichergehen, wenn er es völlig vermeidet, das Sprechen nach innen mit gleichzeitig physisch hörbarem Laut zu begleiten, und ich rate ganz entschieden davon ab, solche nach innen gesprochenen Worte auch nur leise murmelnd zu betonen, ja auch nur die Lippen bei diesem Nach-innen-Sprechen zu bewegen! Ein gutes Mantram ist ein nach okkultgeistigen Einsich-*

ten geformter *Spruch, bei dessen Benützung es sich lediglich um die rein geistige, dem physischen Ohre völlig unwahrnehmbare Lautwirkung handelt.*«

Jeder, der diese Form der geistigen Versenkung für sich als hilfreich und geeignet empfindet, sollte sich genau an diese Regeln halten, um nicht allenfalls »Schaden an seiner Seele zu nehmen«! Er wird in vielen schwierigen Situationen des Lebens daraus Kraft und Hoffnung schöpfen können.

Hilfe gegen Ängste Wann immer die Notwendigkeit besteht, kann und soll ein passendes Mantram zur Hilfe herangezogen werden, als Mittel

◆ zur Bekämpfung der Angst,
◆ zur Hebung des Selbstvertrauens,
◆ zur Bekämpfung des Zweifels,
◆ zur Erlangung neuer Erkenntnisse
usw.

Allerdings sollte das Mantram auch – nach dem Motto »Vorbeugen ist besser als heilen« – einfach zur seelischen Erbauung verwendet werden. Wann immer Sie einige Minuten Zeit für sich haben, nehmen Sie einen Spruch und sprechen Sie ihn in sich hinein – immer wieder – immer wieder – immer wieder ...

Das Licht in Dir

In jedem von uns brennt ein Feuer, leuchtet ein Licht, heller als tausend Sonnen. Alle heiligen Bücher der Menschheitsgeschichte sprechen von diesem Licht, doch nur wenige Menschen zu allen Zeiten haben es in sich erfahren – diese sind die »Erleuchteten«. Wenn auch Sie nur ein wenig von diesem Licht in sich wahrnehmen wollen, so müssen Sie einen wesentlichen Teil Ihres Lebens dieser Aufgabe widmen. Sie müssen diesen Gedanken zu einem Bestandteil Ihres wachen Bewußtseins machen. Und – Sie müssen beharrlich üben!

Der Weg zur Erleuchtung

Das Licht in Dir

Als Lohn werden Sie ein neues Selbstbewußtsein erlangen, das im wahrsten Sinn des Wortes »heller« ist als Ihr vorheriges. Sie werden die Aufgaben des Lebens ungleich leichter meistern als bisher. Und – Sie werden ungeahnte neue Erkenntnisse in sich finden. Machen Sie sich also ans Werk!

Versuchen Sie, täglich mehrere Minuten Zeit für die folgende Übung zu finden:

- ◆ Legen Sie sich in einem stillen Raum auf den Rücken oder setzen Sie sich bequem auf einen Sessel. **Die Vorbereitung**
- ◆ Verschränken Sie dann die Finger ineinander und legen Sie die Handflächen auf den Bauch.
- ◆ Versuchen Sie, Ihre Gedanken zur Ruhe zu bringen. Streben Sie aber keinesfalls danach, sie zu bekämpfen, sondern lassen Sie sie wie einen Film vor Ihrem geistigen Auge vorüberziehen, ohne ihnen Beachtung zu schenken.

Allein diese Aufgabe wird Sie für viele Wochen beschäftigen, denn Ihre Gedanken möchten ihre Macht über Sie behalten.

Nach einer gewissen Zeit der Übung wird es Ihnen gelingen, die störenden Gedanken aus dem Bewußtsein zu verbannen.

- ◆ Versuchen Sie schließlich, Ihre Aufmerksamkeit auf die Handflächen zu konzentrieren. Versuchen Sie die Wärme zu empfinden, die von den Handflächen ausgeht. **Wärme**
- ◆ Versuchen Sie zu empfinden, wie die Wärme, die von den Handflächen ausgeht, in den Körper strömt.
- ◆ Versuchen Sie zu empfinden, wie die Wärme, die von den Handflächen ausströmt, allmählich den ganzen Körper erfüllt – die Beine – den Bauch – den Brustraum den Kopf – die Arme – und wieder die Handflächen.
- ◆ Versuchen Sie zu empfinden, wie die Wärme – von den Handflächen ausgehend – einen Kreislauf in Ihrem Körper vollführt.

Licht

- ◆ Versuchen Sie jetzt zu empfinden, wie die Wärme, die von den Handflächen ausgeht, sich allmählich in Licht verwandelt.
- ◆ Versuchen Sie zu empfinden, wie das Licht, von den Handflächen ausgehend, in Ihren Körper ausstrahlt.
- ◆ Versuchen Sie zu empfinden, wie das Licht, das von den Handflächen ausstrahlt, allmählich den ganzen Körper erfüllt – die Beine – den Bauch – den Brustraum – den Hals – den Kopf – die Arme – und wieder die Handflächen.
- ◆ Versuchen Sie zu empfinden, wie das Licht in Ihrem Körper einen Kreislauf vollführt.
- ◆ Versuchen Sie, Ihren Körper als einen von Licht erfüllten Hohlraum zu empfinden.
- ◆ Versuchen Sie, diese Empfindung in sich lebendig zu erhalten, solange es Ihnen möglich ist.
- ◆ Versuchen Sie zu empfinden, wie jeder kleinste Bereich Ihres Körpers von Licht erfüllt ist.
- ◆ Versuchen Sie dann, Ihre Aufmerksamkeit allmählich wieder auf die Handflächen zu konzentrieren.
- ◆ Versuchen Sie, die Handflächen als leuchtende Scheibe zu empfinden.

Die Krankheit bekämpfen

- ◆ Versuchen Sie jetzt zu empfinden, wie das Licht von den Handflächen aus in jenen Teil des Körpers strahlt, den Sie als krank empfinden.
- ◆ Versuchen Sie zu empfinden, wie ein Lichtstrahl – von den Handflächen ausgehend – zu dem Krankheitsherd strahlt und ihn mit brennend heißem Feuer erfüllt.
- ◆ Versuchen Sie zu empfinden, wie jede kranke Zelle in Ihrem Körper in diesem Feuer verbrennt.
- ◆ Versuchen Sie zu empfinden, wie dieses Feuer ununterbrochen von dem Licht in Ihren Handflächen genährt wird.
- ◆ Versuchen Sie, auch diese Empfindung – solange es möglich ist – in Ihrem Körper lebendig zu erhalten

Sie haben damit die Möglichkeit, sich von Krankheit und Schmerz selbst zu befreien.

Bedenken Sie, daß Sie viele Wochen oder Monate an dieser Aufgabe arbeiten müssen, soll sie einen Erfolg bringen. Dann aber können Sie Ihr Leben von Grund auf verändern und Ihr Schicksal zum Guten wenden.

Es ist jedoch von entscheidender Bedeutung, daß Sie ausschließlich die Empfindung von Wärme und Licht in sich wachrufen! Sobald Farben, Töne, Worte, Formen oder Gestalten vor Ihrem geistigen Auge auftauchen oder hörbar werden, müssen Sie die Übung sofort abbrechen! Sie bedeuten Gefahr aus der »okkulten Welt«! Immer wenn man sich einer meditativen Tätigkeit hingibt, befindet man sich in einem seelischen Ausnahmezustand. Man ist verschiedenen okkulten Kräften in verstärktem Maße ausgesetzt, mehr als sonst. Diese versuchen, durch die oben genannten Phänomene auf sich aufmerksam zu machen.

Vorsicht vor der »okkulten Welt«

Wenn Sie ihnen über einen längeren Zeitraum hinweg Beachtung schenken, werden sie versuchen, von Ihnen Besitz zu ergreifen. Sie werden dann zu ihrem willenlosen Werkzeug.

Dieser Möglichkeit ist auch dann Beachtung zu schenken, wenn Sie sich ernsthaft und ausdauernd mit verschiedenen Meditationstechniken befassen. Das Ergebnis könnte sein:

◆ das ungewollte Sehen von Farben,
◆ das ungewollte Hören von Tönen oder Stimmen,
◆ das ungewollte Spüren von Berührungen, Luftzug und dergleichen,
◆ das selbsttätige Bewegen von Gegenständen usw.

Gefahren

Man kennt diese Phänomene unter den Begriffen »Okkultismus« oder »schwarze Magie«. Versuchen Sie, all dieses von sich fernzuhalten, so gut Sie können! »Das Licht in Dir« ist eine Bekundung der »Geisteswelt«.

Der Mensch besteht aus Körper, Seele und Geist. Wenn wir auf Erden geboren werden, sind wir zualler-

Körper – Geist – Seele

Meditation – Balsam für die Seele

erst mit unserem Körper konfrontiert. Wir empfinden nichts anderes als unsere körperlichen Bedürfnisse – Essen, Trinken, Schlafen ...
Erst allmählich werden wir uns auch unserer seelischen Regungen bewußt. Wir empfinden Freude, Trauer, Schmerz und Glück – »die Seele regt sich« ...
Nur wenigen unter uns Menschen gelingt es schließlich auch, den geistigen Anteil ihres Menschseins während ihres irdischen Daseins in sich wachzurufen. Das sind

»Erleuchtete« die »Erleuchteten« ...

Dein Weg ist Dein Ziel!

Worte des Trostes

PLOTIN: Ich liebe die Vision

»Das Höchste ist immer nahe, strahlend, über allem Erkennbaren. Hier können wir getrost alle Gelehrtheit beiseitesetzen. Auf dieser Stufe wird der Suchende plötzlich emporgerissen und auf den Kamm der Woge des Geistes gehoben und schaut, er weiß selbst nicht wie.
Die Vision überflutet seine Augen mit Licht; aber er sieht nichts anderes – das Licht selbst ist die Vision.
Schauen und geschaut werden ist eins.
Der Geschaute und der Suchende sind eins.
Jede Erinnerung ist ausgelöscht. Vorher war alles bewußt gewesen. Doch nun ist alles im Strom der Liebe, in der höchsten Seligkeit des Entrücktseins, untergegangen. In dieser Hingabe liegt höchstes Glück.
Laßt uns einmal annehmen, alles Lebendige – nicht nur vernunftbegabte Wesen, sondern sogar die unvernünftigen Tiere und alles, was aus dem Schoß der Erde hervorwächst – strebe nach der Kontemplation als seinem einzigen Ziele; erscheint Euch das zu seltsam? Doch wir alle, groß und klein, bewegen uns im Spiel oder im Ernst auf die Vision zu, jede unserer Handlungen ist ein Versuch zur Kontemplation.
Wenn man die Natur früge, warum sie ihre Werke hervorbringt, so würde sie vielleicht folgendes antworten:
›Was immer ins Dasein kommt, entsteht aus der schweigenden Vision, die mir eigen ist. Ich selbst bin aus einer Vision hervorgegangen; ich liebe die Vision und schaffe aus der in mir vorhandenen Fähigkeit zur Vision. Ich schaffe die Gegenstände der Kontemplation so, wie Mathematiker sich ihre Figuren vorstellen und sie aufzeich-

nen. Ich schaue in mich hinein, und die Figuren meiner materiellen Welt bekommen Leben, als ob sie aus meinem inneren Erleben entstünden.‹ Das eine ist wahrhaftig jenseits aller Beschreibungsmöglichkeit: Was Du auch sagen würdest, könnte es nicht ausdrücken. Das Alles-Durchdringende hat keinen Namen.

Aber wenn wir es nicht mit dem Verstand begreifen können, so bedeutet das nicht, daß wir es überhaupt nicht fassen können. Diejenigen, die inspiriert sind und an Gott glauben, verstehen wenigstens das Eine, daß sie etwas Größeres in sich tragen. Wenn die Seele plötzlich erleuchtet wird, dürfen wir überzeugt sein, daß wir das Göttliche erlebt haben.

Denn diese Erleuchtung kommt von Gott und ist.

Wir dürfen annehmen, daß Er allgegenwärtig ist.

Die Schwierigkeit besteht darin, daß wir uns der Gegenwart des Einen nicht durch den Verstand bewußt werden, sondern auf eine Weise, die über unsere irdischen Begriffe hinausgeht.

Wenn wir etwas mit dem Verstand auffassen, so nehmen wir ein Ding nach dem anderen wahr. Der Verstand verliert sich in der Vielfalt. Doch die andere Art liegt jenseits allen Begreifenkönnens. Wir legen Dir dringend nahe, Dich in keine Überlegungen darüber einzulassen, sondern nur dem Ruf der Vision zu folgen! Da schaut die Seele den Strom des Lebens und des Geistes, den Fluß des Seins, die Quelle des Guten, die Wurzel der Seele. Diese Wasser fließen ewig in unverminderter Fülle. Und nun ist der Mensch im Höchsten untergetaucht, mit ihm verschmolzen, eins mit ihm.

Er ist selbst die Einheit geworden, und nichts unterscheidet oder trennt ihn von ihr.

Wenn dieser Aufstieg einmal gelungen ist, gibt es keinen anderen Gedanken, keine Leidenschaft und keine auf etwas Äußeres gerichteten Wünsche mehr.

Verstand, Wille, das Leben der Sinne – alles tritt gänzlich zurück. Über alles Irdische emporgehoben, von Gott

durchdrungen, so ruht der Eingeweihte bewegungslos in vollkommener Stille.
Er ist der Friede selbst ...«

Handeln ohne Absicht.
Sich beschäftigen, ohne ein Geschäft daraus zu machen.
Das Große finden im Kleinen – und die Vielen in den Wenigen.
Verletzung mit Freundlichkeit vergelten.
Schwierige Dinge vollbringen, solange sie noch leicht sind.
Große Dinge vollbringen in ihrem Anfang.
Das ist die Lehre des T*A*O
(LAO TSE)

Fürchtet Euch nicht –
Ich hinterlasse Euch in Frieden ...
(JESUS VON NAZARETH)

BO YIN RA: Der weise Mensch
Ein weiser Mensch wandelt jeden Widerstand in eine Gelegenheit zur Bewährung um. Die Fehler derer, mit denen ihn das Schicksal in unabänderliche Berührung bringt, werden zum Prüfstein seiner eigenen Tugenden. Er begegnet der Reizbarkeit mit Ruhe und Geduld. Diese stellt sich dann ein, wenn er seine Aufmerksamkeit auf das innere Selbst lenkt.
Er verschlimmert auch nicht die Dinge durch übermäßiges Verweilen in negativen kritischen Gedanken oder Gesprächen, sondern lebt seiner Überzeugung gemäß und wandelt seine Prinzipien in die Praxis um. Er wird nicht nur seine eigenen Freunde, sondern auch seine Feinde der gütigen Vorsehung des Höchsten empfehlen. Er weiß, daß durch Vergebung stets mehr erreicht wird als durch das Nachtragen von Haßgefühlen. Wer letztere

Worte des Trostes

nährt, ist blind und merkt nicht, daß er für sein Festhalten am alten Unrecht selbst büßen muß.

Es soll der weise Mensch ein geheimer Bote des Höchsten für alle sein, denen er am Lebensweg begegnet. In seinem Geiste sei eine göttliche Botschaft für jeden von ihnen, wenn sie demütig danach verlangen, sonst bleibt die Botschaft ungeboren.

Ich bin im Tempel des Friedens!
Alles schweigt und ruht in mir.
Mein Körper ist still und entspannt.

Die Heilkraft des Schweigens erfüllt mich.
Sie heilt alle meine Leiden
Und gibt mir Kraft und Gesundheit.

Liebe und Frieden, Licht und Freude
ziehen in mir ein und beleben mich ganz.
Ich fühle himmlische Ruhe in mir!

Alles schweigt in mir!
Gott allein wirkt in mir.
Ich bin erfüllt von Seiner Liebe.

In mir ist ein neuer Funke entzündet.
Eine neue Kraft umflutet mich!
Ein neues Leben durchströmt mich!
Ein neues Leben durchstrahlt mich!

Ich will dieses Licht ewig tragen,
und es freudig ergießen
In das Herz der Menschheit!

Heil allen Menschen und Wesen!
Licht allen Menschen und Wesen!
(H. K. IRANSCHÄHR, Die Heilkraft des Gebetes)

Worte des Trostes

Vor schwerer Pflicht

Lenker im Licht!
Seht mich bereit!
Bereit im Willen,
Bereit alle Mühen zu überwinden,
Zur Tat bereit!

Pflicht erkennend will ich wirken,
Was werden will aus meiner Kraft,
Was ich vermag und nicht vermag,
Kommt nun zutag!

Daß Eure Kraft Vollendung schaffe,
Wenn ich erschlaffe,
Ist meine Bitte, ist mein Gebet!

Laßt nichts mich schlecht tun,
Laßt alles mich recht tun!
Laßt mich nicht wanken!
Lenkt meine Gedanken!

Lehrt mich vollbringen!
Lasset das Werk durch mich gelingen!
Ihr hoher Helfer,
Ihr Lenker im Licht!
(BO YIN RA, Das Gebet)

»Herr Jesus Christus, Sohn Gottes, erbarme Dich meiner!«
(Das Herzensgebet der ATHOS-Mönche)

Worte des Trostes

»Von jeder Arglist und Geschäftigkeit befreit,
möge meine Seele sich im Schweigen sammeln
und sich in die Betrachtung des Göttlichen versenken!

Beruhigt sei mein Leib in dieser Stunde,
befriedet sein der Kampf der Welt.
Göttlicher Friede senke sich auf alles – nah und fern.
Friede und Stille senke sich auf Erde, Luft und Meer –
so wie der Himmel selbst Friede ist!

Möge meine so gestillte Seele erfahren,
wie sich der göttliche Geist in die schweigenden Himmel ergießt!
Möge der Friede und das Licht der Gottheit meine Seele erfüllen
und mich erleuchten!«
(PLOTIN, Gebet für die Weltzugewandten)

Vater unser

Vater unser, der Du bist im Himmel,
Geheiligt werde Dein Name.
Dein Reich komme!
Dein Wille geschehe, wie im Himmel,
also auch auf Erden.
Unser täglich Brot gib uns heute.
Und vergib uns unsere Schuld,
Wie auch wir vergeben unseren Schuldigern.
Und führe uns nicht in Versuchung,
Sondern erlöse uns von dem Übel.
Denn Dein ist das Reich
Und die Kraft und die Herrlichkeit.
In Ewigkeit.
Amen!

Worte des Trostes

Du hast mich gerettet, o Gott, rette mich immer!
(Ostafrikanisches Gebet)

Du mußt zur Sonne werden wollen,
Zur Sonne, die aus sich selber strahlt –
Und die alles unter dem Himmel
Erleuchtet und erfreut!

Die 10 GEBOTE für den heutigen Tag

Zum Ausschneiden für den Badezimmerspiegel

- ◆ Zeig Dir die ZUNGE – jetzt!
- ◆ LÄCHLE Dich an – jetzt!

Die 10 Gebote für den heutigen Tag

1. Ich denke nicht zu sehr an GESTERN – denke nicht zu sehr an MORGEN – denke mehr an HEUTE!
2. Bevor ich UNSINN rede, rede ich lieber gar nicht!
3. Bevor ich rede, zähle ich bis 10!
4. Ich HELFE, wenn ich helfen kann!
5. Ich mache anderen eine FREUDE, sooft es mir möglich ist!
6. Ich lasse den anderen die VORFAHRT!
7. Ich bin nicht immer gleich BELEIDIGT!
8. Ich setze mich einmal am Tag für einige Minuten hin und DENKE ÜBER MICH NACH!
9. Ich löse die PROBLEME, wenn sie da sind!
10. Ich lebe diesen TAG so, wie wenn es mein LETZTER wäre!

Karl Gartner

Die besten Hausmittel

220 Seiten

Mehr und mehr finden wir zu den alten, natürlichen Hausmitteln zurück. Immer wieder entdecken wir ein Mittelchen neu, das unseren Großmüttern vertraut war. Doktor Karl Gartner läßt in diesem Buch nun all diese Geheimnisse wieder aufleben – die besten Hausmittel, die in unserer hochtechnisierten Welt oft zu Unrecht in den Hintergrund geraten waren und nun aber zu neuen Ehren gelangen.
In diesem Buch werden einfache Selbsthilfemethoden zur Behandlung von »Alltagsleiden« präsentiert oder aber in Erinnerung gerufen. Es bietet Anleitungen für ein Leben im naturgemäßen Tagesrhythmus, es stellt die besten Hausmittel und einfache Erste-Hilfe-Maßnahmen sowie Rezepturen und Lebenselexiere vor.
Ein Handbuch, das in keiner Hausapotheke fehlen sollte!

Greg Anderson

Wellness

22 Regeln zum Glücklichsein

168 Seiten

Wellness: Das ist keine Medizin. Wellness ist vielmehr eine Lebensweise, die alle Dimensionen von Körper und Seele einbezieht. Unabhängig vom jeweiligen Gesundheitszustand strebt Wellness nach ständiger Verbesserung und Selbst-Erneuerung in allen Bereichen des menschlichen Lebens. Wellness soll nicht bloß einen krankheitsfreien Zustand garantieren, sondern neue Leistungsebenen in allen Lebensbereichen erschließen.

Greg Anderson zeigt in seinem Buch, wie man mit 22 einfachen Wellness-Regeln ein Höchstmaß an Wohlbefinden erreichen kann.